BEI GRIN MACHT SICH
WISSEN BEZAHLT

- Wir veröffentlichen Ihre Hausarbeit,
  Bachelor- und Masterarbeit

- Ihr eigenes eBook und Buch -
  weltweit in allen wichtigen Shops

- Verdienen Sie an jedem Verkauf

Jetzt bei www.GRIN.com hochladen
und kostenlos publizieren

Bibliografische Information der Deutschen Nationalbibliothek:

Die Deutsche Bibliothek verzeichnet diese Publikation in der Deutschen National-
bibliografie; detaillierte bibliografische Daten sind im Internet über http://dnb.d-
nb.de/ abrufbar.

Impressum:

Copyright © 2016 GRIN Verlag, Open Publishing GmbH
Druck und Bindung: Books on Demand GmbH, Norderstedt Germany
ISBN: 9783668336872

Dieses Buch bei GRIN:

http://www.grin.com/de/e-book/343466/das-kompensationsverbot-gemaess-370-
abs-4-s-3-ao

Dominik Bildt

Das Kompensationsverbot gemäß § 370 Abs. 4 S. 3 AO

GRIN Verlag

GRIN - Your knowledge has value

Der GRIN Verlag publiziert seit 1998 wissenschaftliche Arbeiten von Studenten, Hochschullehrern und anderen Akademikern als eBook und gedrucktes Buch. Die Verlagswebsite www.grin.com ist die ideale Plattform zur Veröffentlichung von Hausarbeiten, Abschlussarbeiten, wissenschaftlichen Aufsätzen, Dissertationen und Fachbüchern.

Besuchen Sie uns im Internet:

http://www.grin.com/

http://www.facebook.com/grincom

http://www.twitter.com/grin_com

Dominik Bildt

5. Fachsemester

Masterarbeit

zum Thema

Das Kompensationsverbot gemäß § 370 Abs. 4 S. 3 AO

Universität Pots-
dam Juristische
Fakultät

Masterstudiengang „Unternehmens- und Steuerrecht" (LL.M.)

Sommersemester 2016

Inhaltsverzeichnis

III

Literaturverzeichnis

Ax, Rolf / Große, Thomas / Melchior, Jürgen	Abgabenordnung und Finanzgerichtsordnung, 17. Auflage, Stuttgart 2001
Bachmann, Jochen	Vorsatz und Rechtsirrtum im allgemeinen Strafrecht und im Steuerstrafrecht, zugleich Diss. iur. Berlin 1993
Baumann, Jürgen / Weber, Ulrich / Mitsch, Wolfgang	Strafrecht, Allgemeiner Teil, 11. Auflage, Bielefeld 2003
Backes, Peter	Die Abgrenzung zwischen Tatbestands- und Verbotsirrtum im Steuerstrafrecht, StuW 1982, S 253
Bayer, Ralph-Christoph / Reichl, Norbert	Ein Verhaltensmodell zur Steuerhinterziehung, Berlin, 1997
Beck, Günther	Die Bedeutung der Wahlrechte des materiellen Steuerrechts für die Steuerverkürzung, Baden-Baden 1996
derselbe	Steuerliche Wahlrechte und Steuerverkürzung nach § 370 Abs. 4 AO, wistra 1998, S. 131
Becker, Enno	Reichsabgabenordnung, Kommentar, 6. Auflage, Berlin 1928 zit.: *Becker*, RAO
Bilsdorfer, Peter	Das Kompensationsverbot des § 370 Abs. 4 S. 3 AO, DStZ, S. 447
Blumers, Wolfgang / Göggerle, Werner	Handbuch des Verteidigers und Beraters im Steuerstrafverfahren, 2. Auflage, Kölln 1989
Bornheim, Wolfgang / Birkenstock, Reinhard	Steuerfahndung - Steuerstrafverteidigung: Durchsuchung, Beschlagnahme, Verhaftung, Befugnisse der Steuerfahndung, Selbstanzeige, Verteidigungsstrategien, Herne, Berlin 1998
Brauns, Uwe	Materiell-strafrechtliche Wertaspekte der Selbstanzeige (§ 371 AO), wistra 1987, S. 233

Buschmann, Walter / Luthmann, Walter	Das Neue Steuerstrafrecht, Neuwied 1969
Bülte, Jens	Zur Strafbarkeit der Verschleierung von Sanktionsansprüchen als Umsatzsteuerhinterziehung, HRRS 2011, S. 465
derselbe	Das Kompensationsverbot: ein originär strafrechtliches Rechtsinstituts des Steuerstrafrechts 1. Teil, wistra 2016, S. 1
derselbe	Das Kompensationsverbot: ein originär strafrechtliches Rechtsinstituts des Steuerstrafrechts 2. Teil, wistra 2016, S. 52
Creifelds	Rechtswörterbuch, 20. Auflage, München 2011
Dannecker, Gerhard	Steuerhinterziehung im internationalen Wirtschaftsverkehr, Köln 1984
Ehlers, Hans	Steuerhinterziehung nach künftigem Recht, FR 1976, S. 504
Ehlers, Hans, / Lohmeyer, Heinz	Steuerstraf- und Steuerordnungswidrigkeitenrecht einschließlich Verfahrensrecht, 5. Auflage, Stuttgart 1982
Erbs, Georg / Kohlhaas, Max	Strafrechtliche Nebengesetze, Band 17, 206. EL Januar 2016
Franzen, Klaus	Zur Vollendung der Steuerverkürzung (§§ 369-412 AO), DStR 1965, S. 187
Fischer, Thomas	Kommentar zum Strafgesetzbuch, zit.: Fischer StGB, 63. Auflage, München 2016
Flore, Ingo / Tsambikakis, Michael	Kommentar zum Steuerstrafrecht, 2. Auflage, Köln 2016
Gast de Haan, Brigitte	Berechnung von Hinterziehungszinsen – zur Bedeutung des Kompensationsverbots (§ 370 IV 3 AO) im materiellen Strafrecht, wistra 1988, S. 288
Gehm, Mathias H.	Kompendium im Steuerstrafrecht, 2. Auflage, Berlin 2015

Göggerle, Werner	Zur Frage des geschützten Rechtsguts im Tatbestand der Steuerhinterziehung, BB 1982, S. 1851
Gropp, Walter	Strafrecht Allgemeiner Teil, 4. Auflage, Berlin, Heidelberg 2015
Haas, Peter / Müller, Ulrike	Steuerstrafrecht und Steuerstrafverfahren, Wiesbaden 2009
Hardtke, Frank	Steuerhinterziehung durch verdeckte Gewinnausschüttung, Berlin 1995
Hartung, Fritz	Steuerstrafrecht, Kommentar zu den Bestimmungen des Dritten Teils (Abschnitt 1) der Reichsabgabenordnung, 3. Auflage, Berlin, Frankfurt a.M. 1962
Heinrich, Bernd	Strafrecht, Allgemeiner Teil, 3. Auflage, Stuttgart 2012
Hübschmann, Walter / Hepp, Ernst / Spitaler, Armin (Hrsg)	Kommentar zu Abgabenordnung, Finanzgerichtsordnung, 236. Ergänzungslieferung, Stand: Januar 2016, zit.: *Bearbeiter* in Hübschmann/Hepp/Spitaler
Isensee, Josef	Aussetzung des Steuerstrafverfahrens – rechtsstaatliche Ermessensdirektiven, NJW 1985, S. 1007
Jeschek, Hans-Heinrich / Weigend, Thomas	Lehrbuch des Strafrechts, Allgemeiner Teil, 5. Auflage, Berlin 1996
Joecks, Wolfgang / Jäger, Markus / Randt, Karsten	Steuerstrafrecht, Kommentar, 8. Auflage, München 2015, zit. *Bearbeiter* in Joecks/Jäger/Rand
Kindhäuser, Urs / Neumann, Ulfrid / Paeffgen, Hans-Ulrich	Kommentar zum Strafgesetzbuch, 6. Auflage, Baden-Baden 2015, zit.: *Bearbeiter* in Kindhäuser
Klein, Franz	Kommentar zur Abgabenordnung, 12. Auflage, München 2014, zit.: *Bearbeiter* in Klein AO
Kindhäuser, Urs	Strafrecht, Allgemeiner Teil, 7. Auflage, Baden-Baden 2015

Kirchhof, Paul	Der bestandskräftige Steuerbescheid im Steuerverfahren und im Steuerstrafverfahren, NJW 1985, S. 2977
Kohlmann, Günther / Sandermann, Almut	Die strafrechtliche Bekämpfung von Steuerverkürzung – unlösbare Aufgabe für den Gesetzgeber? StuW 1974 S. 221
Kohlmann, Günter (Hrsg)	Kommentar zum Steuerstrafrecht, 53. Lieferung, Köln 2015, Stand: Dezember 2015, zit. *Bearbeiter* in Kohlmann
Kohlmann, Günter (Hrsg)	Der Straftatbestand der Steuerhinterziehung, - Anspruch und Wirklichkeit -, Strafverfolgung und Strafverteidigung im Steuerstrafrecht (DStJG Bd. 6), Köln 1983, S. 5, zit.: *Bearbeiter* in Kohlmann Strafverfolgung
Koch, Karl / Scholtz, Rolf-Detlev	Abgabenordnung, 5. Auflage, Köln, Berlin, Bonn, München, 1996, zit.: *Bearbeiter* in Koch/Scholtz
Krekeler, Wilhelm / Tiedemann, Klaus / Ulsenheimer, Klaus / Weinmann, Günther (Hrsg)	Handwörterbuch des Wirtschafts-und Steuerstrafrecht, 2. Auflage Heidelberg 1988, 5. EL, Stand: Mai 1990, zit. *Bearbeiter* in Krekeler HWiST
Krey, Volker / Esser, Robert	Deutsches Strafrecht, Allgemeiner Teil, 5. Auflage, Stuttgart 2012
Kuhn, Thomas / Weigel, Jörg	Steuerstrafrecht, 1. Auflage, München 2005
Kühn, Rolf / von Wedelstädt, Alexander	Kommentar zur Abgabenordnung und Finanzgerichtsordnung, 21. Auflage, Stuttgart 2015, zit.: *Bearbeiter* in Kühn/von Wedelstädt
Kühl, Kristian / Lackner, Karl	Kommentar Strafgesetzbuch, 28. Auflage, München 2014, zit.: *Bearbeiter* in Lackner/Kühl
Lammerding, Jo / Hackenbroch, Rüdiger	Steuerstrafrecht einschließlich Steuerordnungswidrigkeiten und Verfahrensrecht, 7. Auflage, Achim 1997
Leipziger Kommentar zum Strafgesetzbuch	Erster Band, 12. Auflage, Berlin 2007, zit.: *Bearbeiter* in LK
Münchener Kommentar zum Strafgesetzbuch	Nebenstrafrecht II, Band 7, zitiert: MK-*Bearbeiter*, 2. Auflage München 2015

Meine, Hans-Gerd	Das Vorteilsausgleichsverbot in § 370 Abs. 4 S. 3 AO 1977, zugleich Diss. iur., Köln 1984, zit.: Meine
derselbe	Das Strafmaß bei der Steuerhinterziehung – Eine Untersuchung von Verurteilungen in Hamburg in den Jahren 1977 – 1980 -, MSchrKrim 1982, S. 342
derselbe	Strafzumessung bei der Steuerhinterziehung, Heidelberg, 1990, zit. Meine, Strafzumessung
derselbe	Zum Streitstand: das Kompensationsverbot gemäß § 370 Abs. 4 Satz 3 AO, wistra 1991, S. 127
derselbe	Der Irrtum über das Kompensationsverbot, wistra 2002, S. 361
Menke, Sven	Die Bedeutung des Kompensationsgebots in § 370 AO – zugleich eine Untersuchung zu Rechtsgut, Handlungsobjekt und Erfolg der Steuerhinterziehung, Diss. iur., Hannover 2004
Mösbauer, Heinz	Steuerstraf- und Steuerordnungswidrigkeitenrecht, 2. Auflage, München Wien, Oldenburg 2000
Mrozek, Alfons	Handbuch des Steuerrechts, Abteilung I, Reichsabgabenordnung, 3. Auflage, Köln 1924
Patzelt, Jutta	Ungerechtfertigte Steuervorteile und Verlustabzug im Steuerstrafrecht, zugleich Diss. iur. Köln 1990
Reiß, Wolfram	Widersprechender Entscheidungen von Straf-und Finanzgerichten in derselben Rechtssache, StuW 1986, S. 68
derselbe	Tatbestandsirrtum und Verbotsirrtum bei der Steuerhinterziehung, wistra 1987, S. 161
derselbe	Das Kompensationsverbot des § 370 Abs. 4 S. 3 AO im Bereich der Umsatzsteuerhinterziehung in Festschrift für Volkmar Mehle, hrsg von Hiebl, Stefan / Kassebohm, Nils, Baden-Baden 2009, S. 502

Rengier, Rudolf	Strafrecht, Allgemeiner Teil, 7. Auflage, München 2015
Röckl, Edgar	Das Steuerstrafrecht im Spannungsfeld des Verfassungs- und Europarecht
Rönnau, Thomas	Grundwissen – Strafrecht: Der strafrechtliche Rechtsgutsbegriff, zugl. Diss. iur, Berlin 2002
Rolletschke, Stefan	Steuerstrafrecht, 4. Auflage München 2012
Roxin, Claus	Strafrecht, Allgemeiner Teil, Band 1, Grundlagen, Der Aufbau der Verbrechenslehre, 4. Auflage, München 2006
Rüping, Hinrich	Blankettnormen als Strafgesetze, NStZ 1984, S. 450
Salditt, Franz	Die Hinterziehung ungerechter Steuern, in: Die Steuerrechtsordnung in der Diskussion: Festschrift für Klaus Tipke zum 70. Geburtstag, hrsg. von Joachim Lang, Köln 1995, S. 475
Schleifer, Carl-Herrmann	Zum Verhältnis von Besteuerungs- und Strafverfahren, wistra 1986, S. 250
Schiffer, Bernd H.	Strafmaßverteidigung, PStR 2001, S. 199 ff
Simon, H. Eberhard / Wagner, Andrea	Steuerstrafrecht, 4. Auflage, Stuttgart 2015
Schindhelm, Sandra	Das Kompensationsverbot im Delikt der Steuerhinterziehung, zugleich Diss. iur., Frankfurt a.M. 2004
Schleeh, Jörg	Der tatbestandsmäßige Erfolg der Verkürzung von Steuereinnahmen, FR 1971, S. 118
derselbe	Rechtsgut und Handlungsobjekt beim Tatbestand der Steuerverkürzung, NJW 1971, S. 739

derselbe	Die Steuerhinterziehung nach dem Entwurf der Abgabenordnung (AO 1974), StuW 1972, S. 310
Schmidhäuser, Eberhard	Strafrecht, Allgemeiner Teil, 2. Auflage, Tübingen 1984
Schönke, Adolf / Schröder, Horst	Kommentar zum Strafgesetzbuch, 29. Auflage, München 2014
Schuhmann, Helmut	Verkürzung von Einfuhrumsatzsteuer und Vorsteuerabzug, wistra 1992, S. 210
Schulze, Joachim	Steuerhinterziehung durch Unterlassen der Abgabe von Steuererklärungen (II), DStR 1964, S. 416
Streck, Michael	Praxis der Selbstanzeige, DStR 1985, S. 9
Suhr, Christian	Rechtsgut der Steuerhinterziehung und Steuerverkürzung im Festsetzungsverfahren, Frankfurt a.M., Bern, New York, Paris 1989, zugleich: Diss. iur, Frankfurt a.M., Bern, New York, Paris 1989
Thomas, Sven	Die Anwendung europäischen materiellen Rechts im Strafverfahren, NJW 1991, S. 2233
Tilch, Horst	Deutsches Rechtslexikon, Band 1, München 1992, zit.: Deutsches Rechtslexikon, Band 1
Tipke, Klaus / Lang, Joachim	Steuerrecht, 22. Auflage, Köln 2015
Wabnitz, Heinz-Bernd / Janovsky, Thomas	Handbuch des Wirtschafts- und Steuerstrafrechts, 4. Auflage, München 2014
Wannemacher, Wolfgang J. & Partner	Handbuch Steuerstrafrecht, 6. Auflage, Bonn 2013, zit.: *Bearbeiter* in Wannemacher
Warda, Heinz-Günter	Die Abgrenzung von Tatbestands- und Verbotsirrtum bei Blankettstrafgesetzen, 1955

Wassermann, Hans Jörg   Das Kompensationsverbot gemäß § 370 Abs. 4 S. 3 AO, ZfZ
                               1987, S.162.

derselbe   Die Selbstanzeige im Steuerrecht, Kommentar zu § 371 AO,
                               Stuttgart, München, Hannover, Berlin 1991

Welzel, Hans   Irrtumsfragen im Steuerstrafrecht, NJW 1953, S. 486

Wessels, Johannes / Beulke, Wer-   Strafrecht, Allgemeiner Teil, 45. Auflage, Heidelberg, München,
ner / Satzger, Helmut   Landsberg 2015

Wulf, Martin   Strafbarkeit der Vermögenssteuerhinterziehung und § 370 AO als
                               Blankettgesetz, wistra 2001, S. 4

A Einleitung

Das Kompensationsverbot ist Bestandteil der Vorschrift der in § 370 AO gesetzlich geregelten Steuerhinterziehung. Die Voraussetzungen, wann der Grundtatbestand der Steuerhinterziehung erfüllt ist, werden durch § 370 Abs. 1 AO geregelt, welcher der zentrale Straftatbestand der Steuerhinterziehung ist[1]. Dort werden einzelne Handlungsweisen unter Strafe gestellt, die im Ergebnis zu einer Steuerverkürzung oder anderen nicht gerechtfertigten Steuervorteilen führen. Der Wortlaut des § 370 Abs. 4 S. 1 AO führt weiter aus, wann Steuern verkürzt sind. § 370 Abs. 4 S. 2 AO nimmt Bezug auf Abs. 1 und bestimmt, was Steuervorteile sind. In § 370 Abs. 2 AO ist die Strafbarkeit des Versuches der Steuerhinterziehung festgehalten.

Das Kompensationsverbot ist in § 370 Abs. 3 S. 4 AO geregelt. Danach sind die Voraussetzungen der Sätze 1 und 2 auch dann erfüllt, wenn die Steuer, auf die sich die Tat bezieht, aus anderen Gründen hätte ermäßigt oder der Steuervorteil aus anderen Gründen hätte beansprucht werden können.

Die hM und die Rechtsprechung ordnen den Straftatbestand der Steuerhinterziehung als sogenanntes Blankettgesetz ein[2]. Dabei umfasst er Begriffe, zu welchen andere Vorschriften nicht nur beschreibenden, sondern normierenden Inhalts heranzuziehen sind[3]. Der Tatbestand der Steuerhinterziehung nimmt demzufolge auf das gesamte Steuerrecht Bezug und füllt damit den Tatbestand des § 370 AO aus[4]. Die strafbare Steuerhinterziehung aus § 307 AO ist damit erst mit den Regeln des Steuerrechts zu erklären[5].

Auf den ersten Blick ergibt sich durch die Heranziehung der steuerrechtlichen Normen und dem Kompensationsverbot aus § 370 Abs. 3 S. 4 AO ein Widerspruch. Der Straftatbestand der Steuerhinterziehung ist damit auch erfüllt, wenn beim Fiskus aufgrund noch unbekannt gebliebener Tatsachen kein Steuerausfall auftritt[6], weil kein Steueranspruch besteht[7] oder der Steuerpflichtige sogar ein Steuerguthaben hat[8], was als befremdliche Konsequenz bezeichnet wird[9]. Das Kompensationsverbot bezweckt damit, steuermindernde Tatsachen, die mit den steuererhöhenden Tatsachen nicht offengelegt worden sind, im Strafverfahren bei der Be-

---

[1] Bayer/Reichl, Ein Verhaltensmodell der Steuerhinterziehung, S. 15.
[2] Patzelt, Ungerechtfertigte Steuervorteile und Verlustabzug im Steuerstrafrecht, S. 111; Beck, Die Bedeutung der Wahlrechte des materiellen Steuerrechts, S. 62 , S. 131; BGHSt 34, S. 272 (282).
[3] Bachmann, Vorsatz und Rechtsirrtum im allgemeinen Strafrecht und im Steuerstrafrecht, S 168
[4] Bachmann, Vorsatz und Rechtsirrtum im allgemeinen Strafrecht und im Steuerstrafrecht, S 168.
[5] Beck, wistra 1998, S. 131.
[6] Gaast-de Haan, wistra, 131 (134).
[7] Bilsdorfer, DtZ 1983 447; Wassermann ZfZ 1987, 162.
[8] BGH wistra 1991 107 (108).
[9] Bülte, NZWiSt 2016, 1; *Schmitz/Wulf* in MK-StGB Rn 156.

rechnung der Steuerverkürzung außer Betracht zu lassen[10]. Es wird als steuerstrafrechtliche Sonderregelung bezeichnet, da es sich nicht an dem materiellen Steueranspruchs des Staates orientiert und eine für den Steuerpflichtigen nachteilige Berechnung der Steuerverkürzung vornimmt[11]. Damit entsteht ein eigenständiger strafrechtlicher Steuerbegriff und eine Diskrepanz zwischen Steuer- und Strafrecht[12]. Dies trifft insbesondere auf die Betroffenen im Steuerstrafverfahren auf Unverständnis[13].

Die vorliegende Arbeit soll nach einer kurzen Darstellung der geschichtlichen Entwicklung des Kompensationsverbots den Gehalt des objektiven Tatbestands der Steuerhinterziehung unter Berücksichigung des Kompensationsverbotes herausarbeiten. Im Anschluss folgt eine Darstellung der Auswirkungen des Kompensationsverbots auf den subjektiven Tatbestand der Steuerhinterziehung sowie auf den Schuldvorwurf.

B Historische Entwicklung des Kompensationsverbots
Das Kompensationsverbot, welches früher als Vorteilsausgleichsverbot bezeichnet worden ist, ist erst im Laufe des 20. Jahrhunderts in das Blickfeld der Rechtsprechung und der Literatur gelangt. Anfangs hatte es keine gesetzliche Grundlage und wurde erst infolge einer Entscheidung des Reichsgerichts als notwendig erachtet.

---

[10] Kohlmann/Sandermann, StuW 1974, S 221 (232).
[11] Simon/Wagner, S 63.
[12] Gehm, S. 49
[13] Haas/Müller, § 1 Rn 70.

I. Die Rechtslage vor der Reichsabgabenordnung

Eine Kodifizierung von rechtlichen und auch steuerstrafrechtlichen Vorschriften wurde erst durch die Reichsabgabenordnung 1919 geschaffen. Zuvor waren die Steuergesetze in den unterschiedlichen Gesetzen der Bundesländer enthalten. Sie enthielten jeweils besondere voneinander abweichende Regelungen über den Behördenaufbau, das Steuerrecht und die Möglichkeit Rechtsmittel einzulegen. Es gab keine einheitliche Steuerverwaltung des Reiches, so dass das Reich keine eigene Steuerverwaltung hatte und die Steuern von den Bundesländern verwaltet wurden. In den Steuergesetzen der Bundesländer gab es keine vergleichbare Regelung des Kompensationsverbots.

Das Reichsgericht hatte im Jahr 1912 in einem Fall der Steuerhinterziehung wegen eines Verstoßes gegen § 66 PrEStG zu entscheiden. Nach dieser Vorschrift wurde bestraft, wer wissentlich in der Steuererklärung über sein steuerpflichtiges Einkommen unrichtige oder unvollständige Angaben macht, welche geeignet sind, zur Verkürzung der Steuer zu führen. Der Angeklagte hatte in seiner Steuererklärung gewerbliche Einkünfte mit Vorsatz zu niedrig gegenüber der Finanzbehörde erklärt. Jedoch hatte er in seiner Steuererklärung Zinseinkünfte sogenannte Bordellzinsen erklärt, welche er aus seinem Bordellgeschäft erwirtschaftet hatte. Seinerzeit war die Prostitution verboten und unsittlich. Einkünfte solcher Art unterlagen daher nicht der Besteuerung des Staates. Im Endergebnis hatte der Angeklagte in Unkenntnis über die fehlende Steuerbarkeit der Bordellzinsen seiner Einkünfte zu niedrig angesetzt, auch wenn er vorsätzlich seine gewerblichen Einkünfte zu niedrig erklärt hat. In seinem Urteil stellte das Reichsgericht klar, dass die notwendige Grundlage der Strafe immer der Betrag, welcher verkürzt worden ist oder welcher verkürzt werden soll, sei[14]. Es sah die Grundlage jedoch nicht als gegeben an, da eine Verkürzung nicht eintreten konnte, weil die Steuerstufe auch mit Hinzurechnung des verschwiegenen Teiles des Einkommens unter Berücksichtigung der fehlenden Steuerpflicht der erklärten Zinserträge derselbe blieb[15]. Dieses Urteil war schließlich der Anlass des für die Schaffung der Reichsabgabenordnung zuständigen *Enno Becker*, das Vorteilsausgleichsverbot in der Reichsabgabenordnung vom 23. Dezember 1919 einzuführen, um auch Fälle einer Kompensation von Steuerverkürzungen unter Strafe zu stellen[16].

---

[14] RG Urteil vom 14.10.1912, RGSt 46, 273 (241).
[15] RG Urteil vom 14.10.1912, RGSt 46, 273 (241).
[16] Meine, S. .66, Rn 33 und 35; Becker, RAO, § 359 Anm 7.

3

II. Die Reichsabgabenordnung von 1919

Mit der am 23. Dezember 1919 in Kraft getretenen RAO[17] wurde das Vorteilsausgleichsverbot erstmalig in § 359 Abs. 3 2. HS RAO gesetzlich geregelt. Nach Ansicht von *Becker* sollten nachträglich vorgebrachte Ermäßigungsgründe im gerichtlichen Verfahren nicht zu weiteren Ermittlungen führen, so dass der Strafrichter nicht alle Einwendungen des Angeklagten hätte nachgehen müssen, um die gesamte Veranlagung zu überprüfen[18]. Dies sollte das Vorteilsausgleichsverbot aus Praktikabilitätsgründen verhindern[19]. Weiterer Grund für die Rechtssetzung des Kompensationsverbots war, dem Steuerpflichtigen, welcher Einkünfte nicht erklärt, nicht strafrechtlich zu bevorteilen, weil die Steuer zu hoch festgesetzt worden ist. Dem Steuerpflichtigen bliebe insofern die Möglichkeit die Festsetzung anzufechten, so dass es nicht gerechtfertigt sei, ihn von der Strafe zu befreien[20]. *Becker* führt weiter aus, dass es dem Steuerpflichtigen bewusst sein müsste, dass durch sein Verhalten Steuern im Ergebnis geringer festgesetzt werden. Dies sei nicht der Fall, wenn er einen Spekulationsgewinn verschweigt, zum Ausgleich aber sein Einkommen aus Arbeit entsprechend höher angibt[21].

In der Rechtsprechung des Reichsgerichts wurde die Auffassung von *Becker* angenommen und von Teilen der Lehre als subjektive Auffassung genannt. Das Reichsgericht entschied, dass sich ein Steuerpflichtiger, der Vermögensgegenstände mit Bewusstsein verschweigt und damit Steuern verkürzt, sich nicht nachträglich darauf berufen könne, dass der Wert der Gegenstände durch nicht geltend gemachte, aber auf der Schuldseite zulässigen Abschreibungen, ausgeglichen werden könne[22]. Zweck war es, dem wissentlich unehrlichen Steuerpflichten, Vorteile abzuschneiden, demjenigen, welcher wissentlich unrichtige Angaben macht, jedoch keinen Vorsatz zur Steuerverkürzung hat, Straffreiheit zu gewähren[23].

---

[17] RGBl. 1919, S. 1993.
[18] Becker, RAO, § 359 Anm 7.
[19] Hartung,§ 396 Anm. VIII 2a.
[20] Becker, RAO, § 359 Anm 7.
[21] Becker, aaO.
[22] RGSt 70, 3 (6).
[23] RGJW 1933, 2396.

4

III. Die Entwicklung in der Bundesrepublik Deutschland

Der Bundesgerichtshof hat die Rechtsprechung des Reichsgerichts zum Verbot der nachträglichen Geltendmachung von steuermindernden Gründen weiterentwickelt. Die Rechtsprechung setzte den Schwerpunkt zum Erklärungsinhalt und stellte fest, dass sich die strafrechtliche Beurteilung an der vom Täter geschaffene Besteuerungsgrundlage durch seine unrichtigen Angaben zu richten habe[24]. In der Zeit hat der BGH eine Kasuistik zur nachträglichen Geltendmachung von steuerlichen Gründen entwickelt. Das Ausmaß des Kompensationsverbots lässt sich nach Teilen der Literatur daher nur anhand von Einzelfällen darstellen[25].

Die RAO wurde 1977 von der AO abgelöst[26]. In ihr findet sich das Kompensationsverbot in seiner bis heute geltenden Fassung. Die AO 1977 sollte nach der Begründung der Bundesregierung zum Gesetzesentwurf jedoch nichts an der geltenden Rechtslage ändern[27].

Nach dem Inkrafttreten der AO 1977 kam es zu einer lebhaft geführten Diskussion zum Kompensationsverbot.

C Das zugrundeliegende Rechtsgut des § 370 AO

Vor der Untersuchung des objektiven Tatbestandes der Steuerhinterziehung ist das Rechtsgut zu untersuchen, welches durch die strafrechtliche Norm des § 370 AO geschützt wird.

Den zivil- und öffentlich-rechtlichen Normen liegt ein Rechtsgut zugrunde. Das Zivilrecht und öffentliche Recht schützen damit die tangierten Rechtsgüter durch die konkrete Beschreibung im Tatbestand und ordnen Ersatzansprüche im Zivilrecht und Abwehransprüche des Staates selbst oder der Bürger an. Die Schutzwürdigkeit der abstrakten Rechtsgüter legitimiert damit für den Fall der Gefährdung und Verletzung die strafrechtliche Strafandrohung[28]. Dem Strafrecht kommt daher eine besondere Schutzfunktion zu, um besonders intensive Beeinträchtigungen repressiv abzuwehren. Die Beeinträchtigungen betreffen damit nach Handlungsart und Handlungsrichtung Werte, welche nach der allgemeinen Überzeugung besonders schutzwürdig oder besonders wertvoll sind und deswegen strafrechtlichen Schutz erfordern[29]. Dem Staat obliegt es insoweit die Rechtsgüter zu schützen[30].

---

[24] BGHSt 7, 336 (345).
[25] Schiffer, PStR 2001, S. 199 (202); Schindhelm, S. 39.
[26] BGBl. I S. 613.
[27] BT-Drucks. VI/1982, S. 195.
[28] Gropp, § 2 Rn 11;*Hassemeer/Neumann* in Kindhäuser, Vorbem. Zu § 1 Rn 115; Fischer StGB, Vor § 13 Rn 12; Kühl in Lackner/Kühl, StGB, § 2 Rn 1.
[29] Maurach/Zipf,§ 19 Rdnr. 4.
[30] Jeschek/Weigend, § 1 III. 1; Roxin, A § 2 Rn 2 ff.

Das einem Tatbestand zugrunde liegende Rechtsgut hat einen weiteren Zweck als den Schutz bestimmter Werte sicherzustellen. Zu der dogmatischen Einordnung des Tatbestandes einer Strafvorschrift als Handlungsanweisung zur Neugestaltung dient es der Auslegung von Straftatbeständen und ist damit Grundlage jeder Gesetzesanwendung und Gesetzgebung[31]. Hauptaufgabe der Bestimmung des Rechtsgutes im Strafrecht ist jedoch die Auslegung der Strafrechtsnormen selbst[32].

Da die staatliche Strafgewalt das Strafrecht nicht in beliebiger Weise, sondern als ultima ratio, als äußerstes Mittel oder letztmöglicher Weg eingesetzt werden kann[33], ist dem § 370 AO zugrunde Rechtsgut besondere Aufmerksamkeit zu schenken. Eine genaue Herausarbeitung des Rechtsguts ist erforderlich, um Widersprüche zwischen der von § 370 AO angestrebten Schutzwirkung, welche, sich aus der Erfolgsdefinition des § 370 Abs. 4 S. 3 AO ergebenen Aussage zum Kompensationsverbot und dem von der Rechtsprechung gebildeten Anwendungsbereich ergibt, aufzuzeigen[34].

I. Gesetzliche Mitteilungspflichten

In der Literatur sieht eine Mindermeinung das geschützte Rechtsgut des Tatbestandes der Steuerhinterziehung als Anspruch des Staates auf vollständige Mitteilung und Offenbarung der Besteuerungsgrundlagen an[35]. Die Auffassung wird damit begründet, dass der Tatbestand der Steuerhinterziehung eine unrichtige oder unterlassene Mitwirkung des Steuerpflichtigen unter Strafe stellt. Ein Verstoß gegen die steuerlichen Offenbarungspflichten stellt dadurch das von § 370 AO geschützte Rechtsgut heraus. Nach der Auffassung von *Isensee* ist im Tatbestand des § 370 AO kein besonderer fiskalischer Grund zu erkennen. Alleine die Zuwiderhandlung gegen die gebotene Mitteilung der Besteuerungsgrundlagen soll bestraft werden. Damit schütze er die positivrechtliche Ordnung des Steuerrechts[36]. Weiter wird vertreten, dass § 370 AO nur eine formelle Schutzfunktion hinsichtlich der steuerlichen Offenbarungspflichten festschreibt[37].

Diese Ansicht ist abzulehnen. Damit wird schon der Verstoß gegen die Erklärungspflichten mit Strafe bedroht. Aus dem Wortlaut des § 370 Abs. 1 AO ergibt sich, dass um den Tatbestand zu erfüllen, die Steuer verkürzt[38] oder Steuervorteile erlangt sein müssen. Die Verkürzung der Steuer oder die Erlangung von Steuervorteilen darf nicht isoliert von den steuerli-

---

[31] Dannecker, S. 167 f.
[32] Suhr, S. 4.; Schmidhäuser, S. 84.
[33] Rengier, § 3 Rn 5;.
[34] Schlee, NJW 1971, S. 739.
[35] Franzen, DStR 1965, S. 188; Ehlers/Lohmeyer, S. 10; Schultze DStR 1964, S. 419.
[36] Isensee, NJW 1985, S. 108.
[37] Schultze DStR 1964, S. 416; Ehlers, FR 1976, S.505.
[38] Schindhelm, S. 245.

chen Offenbarungspflichten betrachtet werden. Beide Tatbestandsmerkmale sind wesentliche Elemente des § 370 AO, so dass die Bestimmung des Rechtsgutes nur in der Gesamtschau aller Tatbestandsmerkmale möglich ist. Da die Mitteilungspflichten von steuerlich erheblichen Tatsachen außerhalb des Tatbestandes des § 370 AO angelegt sind, macht die Festlegung eines außerhalb der Tathandlungen liegenden Erfolgs keinen Sinn[39]. Der Staat verlangt eine Befolgung der steuerlichen Vorschriften nicht, weil er sie gesetzlich geregelt hat und er sie deshalb befolgt wissen will, sondern weil er mit ihnen ausschließlich wirtschaftliche Interessen verfolgt[40]. Durch die Bestimmung der Mitteilungspflichten werden Ursache und Wirkung gleichgestellt, wodurch der Straftatbestand des § 370 AO zu einer bloßen Ordnungsvorschrift wird. Die Mitwirkungspflicht stellt nicht das Schutzgut der Steuerhinterziehung dar, ihre Verletzung ist jedoch Voraussetzung jedes tatbestandlichen Verhaltens[41].

Das Rechtsgut der Steuerhinterziehung kann daher nur ganzheitlich betrachtet werden. In diesem Zusammenhang ist auch die Selbstanzeige zu sehen, da persönliche Strafausschließung nur gewährt wird, wenn der Steuerpflichtige seine unterlassenen Angaben nachholt oder seine falschen Angaben berichtigt und die geschuldete Steuer nachentrichtet[42]. Die Selbstanzeige hat auf der Seite des Staates das Ziel, diesem verborgen gebliebene Steuerquellen zugänglich zu machen[43].

Weiterhin kann die in § 370 Abs. 3 S. 2 Nr. 1 AO vorgesehene Strafschärfung nicht gerechtfertigt werden, da die Verletzung der Mitteilungspflicht selbst in der Qualifikation nur mittelbar ursächlich ist[44].

In der Konsequenz ist daher eine alleinige Bestimmung des Rechtsgutes der Mitteilungspflichten ohne den staatlichen Steueranspruch nicht möglich.

II. Gleichheit der Lastenverteilung

Einer weiteren Mindermeinung zufolge versteht sich das von der Steuerhinterziehung geschützte Rechtsgut als Gleichheit der Lastenverteilung nach dem Grundsatz der Leistungsfähigkeit[45]. Demnach soll der Schutz der öffentlichen Kasse um ihrer selbst willen nicht schützenswert sein, da das Steuersystem sich ausschließlich an dem fiskalischen Interesse orientiert[46]. Aufgrund der mechanischen Verknüpfung von Steuerrecht und Strafrecht im Tatbestand der Steuerhinterziehung ist nach Auffassung von *Salditt* die Herrschaft über den Straf-

---

[39] Kohlmann/Sandermann, StuW 1974, S. 229.
[40] Menke, S. 43.
[41] *Joecks* in Joecks/Jäger/Rand, Einl. Rn 8.
[42] Wassermann, Die Selbstanzeige im Steuerrecht, S. 95.
[43] Streck, DStR 1985,S. 9; Brauns, wistra.1987, S. 234.
[44] Menke, S. 44.
[45] Salditt FS Tipke, S. 47.

tatbestand an den Willen des Gesetzgebers abgetreten[47]. Eine Verteidigung ungerechter oder verfassungswidriger Steuern mithilfe des Strafrechtes könne demnach nicht die Aufgabe des Staates sein, wobei sich *Salditt* auf die Rechtsprechung des BVerfG beruft, welches als Grundsatz des Steuerstrafrechts die Gleichheit der Lastenteilung heranzieht[48], so dass nur aufgrund dieses Grundsatzes eine Strafbarkeit der Steuerhinterziehung begründet werden könne, da der Täter das Gleichgewicht der Steueraufbürdung zu Lasten der ehrlichen Steuerbürger zerstöre[49].

Der Ansicht ist zwar in der Hinsicht beizupflichten, dass das Gleichgewicht der Lastenverteilung ein wichtiges Grundprinzip jeder fiskalischen Steuergesetzgebung ist. Auch erscheint es unbillig, die Hinterziehung von verfassungswidrigen Steuern unter Strafe zu stellen, da es am Erfolgsunrecht mangelt. Der Grundsatz der gleichmäßigen Lastenverteilung ist jedoch lediglich Strukturprinzip der Besteuerung[50]. Aus der von den Meinungsvertretern angeführten Rechtsprechung des BVerfG ergibt sich, dass sich dieser Grundsatz der Besteuerung nach der wirtschaftlichen Leistungsfähigkeit der Einzelnen an den Gesetzgeber selbst richtet[51]. Es stellt daher ein vom Gesetzgeber zu beachtendes Ziel der Steuerpolitik dar. Die verfassungsrechtlichen Aufträge kann der Täter jedoch durch die in § 370 Abs. 1 AO aufgeführten Handlungen nicht selbst missachten, denn das Gesetz beschreibt den Steuerhinterzieher als jemanden, der die Durchführung der Besteuerung als Außenstehender vereitelt[52]. Die Gleichheit der Lastenverteilung kann demzufolge nicht als Rechtsgut eingeordnet werden, da es sich lediglich um ein Leitprinzip handelt, damit aber nicht zum Rechtsgut wird[53].

Das Prinzip der Gleichheit der Lastenverteilung ist auch in Hinblick auf die Ungerechtigkeit der Steuer wenig praktikabel. Ob eine Steuer als gerecht oder ungerecht empfunden wird, bestimmt sich nach dem subjektiven Empfinden des Steuerpflichtigen. Derjenige, welche eine Steuer zu entrichten hat, wird diese weitaus ungerechter finden, als derjenige, der sie nicht zahlt.

---

[46] Salditt FS Tipke, S. 47.
[47] Salditt FS Tipke, S. 47.
[48] Vgl. BVerfG, DB 1991, 1421; BVerfG NJW 1995, 2615 (2616).
[49] Salditt FS Tipke, S. 47; Bornheim/Birkenstock, S. 96.
[50] Tipke/Lang, § 4 Rn. 81 ff.
[51] BVerfG NJW 1995, 2615 (2616).
[52] Menke, S. 46.
[53] *Joecks* in Joecks/Jäger/Randt, Einl Rn 8.

Der Bezug zur Verfassungswidrigkeit ist schon bedenklich, da der Gesetzgeber geregelt hat, dass auch eine verfassungswidrige Steuer (zunächst) zu zahlen ist. Aus § 165 Abs. 1 Nrn. 2 und 3 AO ergibt sich, dass die Steuer erst vorläufig festzusetzen ist. Soweit die Steuer verfassungswidrig ist, kann die vorläufige Steuerfestsetzung dann wieder geändert oder aufgehoben werden.

Die Auffassung des Rechtsguts als Gleichgewicht der Lastenverteilung ist auch im Endeffekt nicht überzeugend, da alleine dem Bundesverfassungsgericht die Verwerfungskompetenz für verfassungswidrige Steuern zusteht. Dieses ist entweder im abstrakten Normenkontrollverfahren gemäß Art. 93 Abs. 1 Nr. 2 GG oder im konkreten Normenkontrollverfahren nach Art. 100 Abs. 1 GG anzurufen, sofern Bedenken hinsichtlich der Verfassungswidrigkeit einer Steuer bestehen. Eine Berufung der einzelnen Steuerpflichtigen die Hinterziehung einer Steuer wegen einer möglichen Verfassungswidrigkeit erscheint aus dem Blickwinkel des Steuergesetzgebers nicht wünschenswert und wäre aus generalpräventiven Gründen zu ahnden.

III. Steueranspruch des Staates

Die herrschende Meinung und die Rechtsprechung sehen in zutreffender Weise das Rechtsgut der Steuerhinterziehung als den Anspruch des Staates auf den vollen und rechtzeitigen Ertrag der Steuer an[54]. Das öffentliche Interesse am vollständigen und rechtzeitigen Aufkommen der Steuern ist besonders schutzwürdig, weil Bund, Länder und Gemeinden sonst nicht in der Lage wären, die ihnen obliegenden öffentlichen Aufgaben zu erfüllen[55]. Dabei besteht bei der Lehre des Steueranspruches Uneinigkeit darüber, ob das Steueraufkommen insgesamt oder nur das jeweilige Steueraufkommen in der jeweiligen Steuerart geschützt werden soll.

Die h.M und die Rechtsprechung ordnen das Rechtsgut dem Steueraufkommen in der jeweiligen Steuerart, also den einzelnen Steueranspruch zu[56]. Dies wird damit begründet, dass eine differenzierte Verteilung von Ertragshoheit, Verwaltungshoheit und Gesetzgebungshoheit bei den verschiedenen Steuern auf Bund, Länder und Gemeinden ein Abstellen auf die einzelnen Steuerarten im Rahmen der Strafandrohung erfordert[57].

Eine Mindermeinung will das Steueraufkommen insgesamt geschützt wissen. Sie wird damit begründet, dass die Ertragshoheit auch bei den einzelnen Steuern unterschiedlich ist, also etwa dem Bund und den Ländern zu verschiedenen Teilen zusteht[58]. Einer Unterscheidung nach einzelnen Steuerarten und Besteuerungszeiträumen ist demnach sowohl bei § 370 AO wie

---

[54] Kirchhof, NJW1985, S. 2981; *Hellmann* in: Hübschmann/Hepp/Spitaler, AO/FGO Rn 43; BGH NJW 2001, 693.
[55] *Joecks* in Joecks/Jäger/Rand, Einl. Rn 10.
[56] *Ransiek* in: Kohlmann, Steuerstrafrecht, § 370 AO Rn 52. RGSt. 59, 258 (261); BGHSt. 36, 100.
[57] Franzen, DStR 1965, S. 188.

auch bei § 263 StGB unnötig, da eine isolierte Betrachtung einzelner Vermögensbestandteile der Bestimmung des Schutzguts nicht dienlich ist[59]. Kritik an der h.M wird aus dem Grund geübt, da die h.M. die Einordnung aus praktischen Gesichtspunkten vornimmt, um Strafbarkeitslücken wegen eines sonst bestehenden Fortsetzungszusammenhangs vorzubeugen[60]. Ein Fortsetzungszusammenhang besteht dann, wenn sich mehrere natürlichen Handlungen als bloße Teilakte einer einzigen und von Anfang an geplanten Verbrechensbegehung darstellen. Im Steuerrecht besteht in den meisten Fällen mehrere Steuerverpflichtung nebeneinander. Sofern der Tatbestand des § 370 AO hinsichtlich einer Steuer erfüllt ist, wird in der Praxis der tatbestandliche Erfolg der Steuerverkürzung auch hinsichtlich einer anderen Steuer eintreten. Der Fortsetzungszusammenhang würde damit strafrechtlich weitere Steuern umfassen, so dass ein Strafklageverbrauch auch hinsichtlich der Steuern eintreten würde, welche nicht Gegenstand des Strafverfahrens sind[61]. Da der Große Strafsenat des BGH jedoch mittlerweile den Begriff des Fortsetzungszusammenhanges abgeschafft hat[62], ist die Begründung der h.M einen Fortsetzungszusammenhang für das Steuerstrafrecht zu verhindern, hinfällig geworden[63].

Im Ergebnis vermag die h.M. überzeugen, indem sie darauf abstellt, als Rechtsgut den einzelnen Ertrag aus der jeweiligen Steuer festzulegen. Den steuerertragsberechtigten Körperschaften stehen die Steuern nicht zur freien Verwendung zu, sondern sie haben hiermit die ihnen verfassungsmäßig obliegenden Aufgaben zu finanzieren[64]. In Bezug auf das Kompensationsverbot ist der Streit innerhalb der h.M. in Bezug auf das Rechtsgut der Steuerhinterziehung nebensächlich.

---

[58] *Joecks* in Joecks/Jäger/Rand, Einl. Rn 10.
[59] *Hellmann* in: Hübschmann/Hepp/Spitaler, AO/FGO, § 370 AO, Rn. 43.
[60] Suhr, S. 32; Hardtke, S.64.
[61] Menke, S. 52.
[62] BGHSt 40 (138).
[63] *Andreijtschititsch* in Wannemacher, Rn 668.
[64] *Große* in Ax/Große/Melchior, Rn. 29f.

10

D Der Tatbestand der Steuerhinterziehung des § 370 AO

I. Der Blankettcharakter der Steuerhinterziehung

Uneinigkeit in der Literatur besteht, ob der Tatbestand der Steuerhinterziehung ein sogenanntes Blankettgesetz ist oder ob die in § 370   Abs. 1 S. 1 AO genannten Tatbestandsvoraussetzungen normative Tatbestandsmerkmale sind. Ein Blankettgesetz ist eine Vorschrift, die eine Rechtsfolge festlegt, die Bestimmung der tatbestandlichen Voraussetzungen anderen Rechtsquellen überlässt[65]. Normative Tatbestandsmerkmale sind solche, die einer Wertung bedürfen[66].

Zur Beurteilung, ob der Tatbestand der Steuerhinterziehung erfüllt ist, sind nicht nur die Vorschrift des § 370 AO, sondern auch die Vorschriften des Steuerrechts heranzuziehen. Ob der Täter eine Steuerhinterziehung begangen hat, ist nach den Vorschriften des Steuerrechts zu beurteilen, so dass es als Vorfrage zu einer strafrechtlichen einer steuerlichen Würdigung bedarf. Es entsteht damit eine Wechselwirkung zwischen Steuerrecht und Steuerstrafrecht[67]. Die vormals hM und die ständige Rechtsprechung ordnen die Steuerhinterziehung nach § 370 AO als Blankettgesetz ein[68]. Demnach ist der Tatbestand der Steuerhinterziehung mit den Gesetzen des materiellen Steuerrechts auszufüllen, um zu bestimmen, ob und in welcher Höhe eine Steuerverkürzung eingetreten ist[69]. Die der Steuerverkürzung zugrunde liegende Steuerschuld ist demzufolge allein nach dem materiellen Steuerrecht zu beurteilen[70], ebenso wie die Tatsache, ob eine Steuerverkürzung eingetreten ist, da sie ohne das einzelne Steuergesetz nicht zu beantworten ist[71].

Der Auffassung der Einordnung des § 370 AO als Blankettgesetz wird teilweise in der Literatur entgegen getreten. Die Tatbestandsmerkmale des § 370 Abs. 1 AO der „unrichtigen Angaben", „steuerlich erheblichen Tatsachen" und der „Steuerverkürzung" sollen dementsprechend als normative Tatbestandsmerkmale angesehen werden[72]. Im Ergebnis ist dieser Ansicht zuzustimmen. Die Tatbestandsmerkmale der Steuerhinterziehung sind normativ auszulegen. Der Tatbestand der Steuerhinterziehung ist zu komplex, um eine reine Blankettverweisung anzunehmen. Blankettstrafgesetze weisen keine abschließend ausformulierten Straftat-

---

[65] Deutsches Rechtslexikon, Band 1, S. 771.
[66] Creifelds, S. 275.
[67] Blumers/Göggerle, Rn 2.
[68] Ehlers, FR 1976, S. 504; Schleifer, wistra 1986, S. 250; Lammerding/Hackenbroch, S. 18; Blesinger in Kühn/von Wedelstädt, § 370 Rn 2; BGHSt 5, 90, 92;. BGHSt 23, 319, 322; BVerfG, Beschluss vom16.06.2011 (uni 2 BvR 542/09), NJW 2011, 3778.
[69] *Scheumann-Kettner* in Koch/Scholtz, § 370 AO Rn 18.
[70] Thomas, NJW 1991, 2233.
[71] *Ransiek* in: Kohlmann, Steuerstrafrecht, § 370 AO Rn 20.
[72] *Hellmann* in: Hübschmann/Hepp/Spitaler, AO/FGO Rn 44

bestände auf[73]. Um eine präzise strafrechtliche Bewertung vornehmen zu können, müssen die Tatbestandsmerkmale des § 370 Abs. 1 AO als normative Tatbestandsmerkmale angesehen werden. Blankettgesetze verweisen lediglich auf den konkreten Inhalt anderer Rechtsquellen, so dass sich der Straftatbestand erst aus der Verweisung auf die ausfüllende Norm ergibt[74]. Der Verweisung bei Blankettstrafgesetzen kommt für die Verbotsnorm dabei konstitutive Bedeutung zu[75]. Auch wenn zur Berechnung der Steuerverkürzung die Normen des Steuerrechts heranzuziehen sind, werden die außerstrafrechtlichen Normen damit nicht zum notwendigen Bestandteil der strafrechtlichen Norm[76].

Der Tatbestand der Steuerhinterziehung enthält jedoch gerade in den § 370 Abs. 1 Nrn. 1 bis 3 AO solche Verhaltensnormen, auf welche bei Blankettgesetzen gerade nur hingewiesen wird, denn in der Aufzählung des Abs. 1 sind sämtliche tatbestandlichen Handlungsweisen abschließend aufgeführt[77]. Die den Blankettgesetzen eigene Ausfüllung·durch eine Verweisnorm bedarf die Steuerhinterziehung daher überhaupt nicht[78].

Auch aus verfassungsrechtlichen Gesichtspunkten in Hinblick auf das Bestimmtheitsgebot des Art. 103 Abs. 2 GG kommt der Auslegung der Tatbestandsmerkmale der Steuerhinterziehung besonderes Gewicht zu[79]. Um eine Strafbarkeit gemäß § 370 AO zu begründen, sind die Tatbestandsmerkmale dessen Abs. 1 selbständig zu bewerten. Dies ist ohne weiteres möglich, so dass auf eine blankettartige Verweisung verzichtet werden kann.

II. Der objektive Tatbestand des § 370 AO

Das Kompensationsverbot gemäß § 370 Abs. 3 S. 4 AO ist eng mit dem objektiven Tatbestand der unterschiedlichen drei Varianten der Tatbegehung in § 370 Abs. 1 AO verknüpft. Die Gesetzesbegründung zur AO 1977 sieht vor, dass die drei unterschiedlichen in § 370 Abs. 1 AO genannten Varianten den Tatbestand der Steuerhinterziehung abschließend beschreiben[80].

§ 370 Abs. 2 AO setzt die Strafbarkeit des Versuches fest. § 370 Abs. 3 AO nennt Regelbeispiele, in welchen ein besonders schwerer Fall der Steuerhinterziehung gegeben ist.

Straflos ist hingegen die Nichtzahlung einer Steuer[81].

---

[73] *Eser* in Schönke/Schröder, Vorb. zu § 1 Rn 3.
[74] Backes, StuW 19.2, 253, S.254.
[75] Wulf, wistra 2001, 41, S. 44.
[76] Wulf, wistra 2001, 41, S. 44.
[77] Rüping, NStZ 1984, 450 S. 451.
[78] Menke, Die Bedeutung des Kompensationsverbots in § 370 AO, S. 109.
[79] Bülte HRRS 2011, S. 467.
[80] BT-Drucks. VI/1982, S. 194.
[81] BGH v. 15.05.1997, Az. 5 StR 45/97, NStZ-RR 1997, 277.

1. Tatbestandsmäßige Verhalten

Strafbar ist danach das Machen unrichtiger oder unvollständiger Angaben über steuerlich erhebliche Tatsachen (§ 370 Abs. 1 Nr. 1 AO), das pflichtwidrige In-Unkenntnislassen der Finanzbehörden über steuerlich erhebliche Tatsachen (§ 370 Abs. 1 Nr. 1 AO und das pflichtwidrige Unterlassen der Verwendung von Steuerzeichen oder Steuerstemplern (§ 370 Abs. 1 Nr. 2AO). Die Tathandlungen sind auf zwei unterschiedliche Taterfolge gerichtet: Das Verkürzen von Steuern (§ 370 Abs. 1 Alt. 1 AO) oder das Erlangen nicht gerechtfertigter Steuervorteile (§ 370 Abs. 1 Alt. 2 AO). Die jeweilige Tathandlung muss dabei ursächlich für den Erfolgseintritt werden („dadurch").[82]

a) Steuerhinterziehung durch Handeln

§ 370 Abs. Nr. 1 AO umbeschreibt die Tathandlung durch aktives Handeln. Danach begeht die Tat, wer über steuerlich erhebliche Tatsachen unrichtige oder unvollständige Angaben macht.

aa) Angaben über Tatsachen

Unter dem Machen von Angaben ist eine Handlung zu verstehen, die auf die Psyche eines anderen in der Weise einwirkt bzw. einwirken kann, dass in diesem die Vorstellung von Tatsachen entstehen soll[83]. Der Täter wird dabei in der Regel schriftliche Angaben in einer nach §§ 149 ff. vorgesehenen Steuererklärung machen, die der Steuerpflichtige auszufüllen, zu unterschreiben und abzusenden hat[84]. Schriftlichen Angaben stehen elektronische Angaben gleich, welche der Steuerpflichtige auf der Grundlage der Steuerdaten-ÜbermittlungsVO vom 28.1.2003 (BGBl. I 139) einreicht[85]. Tatsachen sind Umstände der realen Welt; sie sind von Werturteilen und Begriffen zu unterscheiden[86].

bb) Unrichtige oder unvollständige Tatsachen

Unrichtig sind die Angaben, wenn sie so, wie der Erklärende sie verstanden wissen will, mit der Wahrheit nicht übereinstimmen, also zwischen der Erklärung und der Wirklichkeit ein Widerspruch besteht[87].

---

[82]*Ransiek* in Kohlmann, § 370 Rn 200.
[83] *Joecks* in Joecks/Jäger/Randt, § 370 Rn 171.
[84] *Hellmann* in: Hübschmann/Hepp/Spitaler, AO/FGO; § 370 Rn 79; BGH wistra 1995, 345.
[85] *Joecks* in Joecks/Jäger/Randt, § 370 Rn 172.
[86] *Joecks* in Joecks/Jäger/Randt, § 370 Rn 176.
[87] *Hadamitzky/Senge* in Erbs/Kohlhaas, § 370 Rn 16.

Ob eine Angabe unvollständig ist, ist indes differenzierter zu betrachten, da der Steuerpflichtige ausdrücklich oder konkludent mitbehauptet, er habe sämtliche erheblichen Umstände aus einem bestimmten Umkreis vollständig erklärt, was bei Steuererklärungen nach § 150 I AO regelmäßig der Fall ist[88].

cc) Steuerliche Erheblichkeit

Die Tatsachen müssen steuerlich erheblich sein. Steuererheblich sind Tatsachen, wenn sie zur Ausfüllung eines Steuertatbestandes herangezogen werden müssen und damit Grund und Höhe des Steueranspruches oder -vorteils beeinflussen oder wenn sie die Finanzbehörde sonst zur Einwirkung auf den Anspruch veranlassen können[89].

dd) Finanzbehörden oder anderen Behörden

Die Angaben müssen gegenüber Finanzbehörden oder anderen Behörden erfolgen. weil auch diese Behörden für Entscheidungen zuständig sein können, die für Steuern erheblich sind[90]. Eine Behörde ist jede Stelle, die Aufgaben der öffentlichen Verwaltung wahrnimmt (vgl. § 6 Abs. 1 AO, § 1 Abs. 4 VwVfG), gemäß § 11 Abs. 1 Nr. 7 StGB aber auch ein Gericht[91].

b) Steuerhinterziehung durch Unterlassen

Die Steuerhinterziehung ist als Begehungsform auch durch Unterlassen möglich. Die in § 370 Abs. 1 Nr. 2 AO umschriebene strafbaren Verhaltensweisen bestehen vorwiegend in der Verletzung von Erklärungspflichten[92]. Eine Täuschungshandlung setzt der Tatbestand nicht voraus[93].

aa) Unkenntnis von steuerlich erheblichen Tatsachen

Die Unkenntnis der Finanzbehörde umfasst Fälle, in denen der Steuerpflichtige seiner Erfassungs- und Erklärungspflicht wie auch der Pflicht zur Steuervoranmeldung oder einer sonstigen Anmeldung nicht nachkommt[94]. Die Unkenntnis der Finanzbehörde ist nicht erst dann gegeben, wenn der Behörde der gesamte steuerpflichtige Vorgang unbekannt ist[95]. Auf den Kenntnisstand des Finanzamtes hinsichtlich der falschen oder unvollständigen Angaben kommt es nicht an[96]. Es genügt, dass die Angaben in anderer Weise als durch Täuschung für die Steuerverkürzung oder den nicht gerechtfertigten Steuervorteil ursächlich werden[97].

---

[88] *Joecks* in Joecks/Jäger/Randt, § 370 Rn 184.
[89] *Blesinger* in Kühn/von Wedelstädt, § 370 Rn 6.
[90] *Ransiek* in: Kohlmann, Steuerstrafrecht, § 370 AO, Rn. 252.
[91] *Hellmann* in: Hübschmann/Hepp/Spitaler, § 370 Rn 90.
[92] Mösbauer, S. 112.
[93] BGHSt 51, 356; 24, 178, 182; BayObLG wistra 82, 283.
[94] Kuhn/Weigel, S. 56.
[95] *Joecks* in Joecks/Jäger/Randt, § 370 Rn 232.
[96] *Jäger* in Klein AO, § 370 AO Rn 42.
[97] BGH NStZ 07, 596.

bb) Unterlassen

Der Steuerpflichtige handelt tatbestandsgemäß, wenn er eine zur Aufklärung geeignete und ihm mögliche Handlung nicht vornimmt, wobei ihm die Aufklärung gegenüber der Finanzbehörde möglich sein muss[98].

cc) Steuererklärungspflicht

Da die Steuerhinterziehung durch Unterlassen eine Steuererklärungspflicht voraussetzt, kann nur derjenige diese begehen, der zur Aufklärung besonders verpflichtet ist[99]. Die Steuererklärungs- und Offenbarungspflichten ergeben sich im Wesentlichen aus den Vorschriften der AO, wobei die Pflichten keine besonderen persönlichen Merkmale des § 28 Abs. 1 StGB darstellen[100].

Eine Verpflichtung gemäß § 370 Abs. 1 Nr. 2 AO besteht ebenfalls aus § 153 AO. Sofern der Steuerpflichtige vor Ablauf der Festsetzungsfrist erkennt, dass die von ihm zuvor gemachten Angaben in einer von ihm abgegebenen Steuererklärung unrichtig oder unvollständig sind und dass es dadurch zu einer Verkürzung von Steuern gekommen ist, so hat er dies unverzüglich dem Finanzamt anzuzeigen oder richtigzustellen.

2. Begriff der Steuerverkürzung

Nach § 370 Abs. 1 AO muss der Täter Steuern verkürzt haben. Damit wird der Erfolg der Steuerverkürzung beschrieben. Das Gesetz nennt für die Steuerverkürzung keine Definition. Die h.M sieht in § 370 Abs. 4 S. 1 AO eine Legaldefinition für den Begriff der Steuerverkürzung[101]. Nach einer Mindermeinung enthält § 370 Abs. 4 S. 1 AO keine Definition des Begriffs der Steuerverkürzung, sondern legt nur fest, wann bei Fälligkeits- und Veranlagungssteuern die Gefährdung des staatlichen Steueraufkommens bereits zur Steuerverkürzung führt[102]. Das Kompensationsverbot in § 370 Abs. 4 S. 3 AO setzt den Begriff der Steuerverkürzung bereits voraus. Denn es verweist auf § 370 Abs. 4 S. 1 und 2 AO. Demzufolge ist es für die Bedeutung des Kompensationsverbots erforderlich, den Verkürzungsbegriff eindeutig festzulegen.

Die gesetzliche Regelung erscheint jedoch nur vordergründig eindeutig. Aus ihr ist heraus ist eine Diskussion in der Literatur zu dem Begriff der Steuerverkürzung entstanden.

---

[98] *Joecks* in Joecks/Jäger/Randt, § 370 Rn 235.
[99] *Joecks* in Joecks/Jäger/Randt, § 370 Rn 236.
[100] Rolletschke, Rn 39; *Pflaum* in Wabnitz/Jankovsky Kap. 20 Rn 55.
[101] *Hellmann* in: Hübschmann/Hepp/Spitaler, AO/FGO Rn 36.
[102] Göggerle, BB 1982, S. 1854.

Auswirkungen hat der Verkürzungsbegriff insbesondere auf die Einordnung der Steuerhinterziehung in eine bestimmte Deliktskategorie. Sie wird von der Literatur wegen der in § 370 Abs. 1 AO vorausgesetzten Steuerverkürzung bzw. der Erlangung von Steuervorteilen einmütig als Erfolgsdelikt betrachtet[103]. Allerdings herrscht Uneinigkeit darüber, ob durch die Steuerhinterziehung eine Verletzung strafbar ist oder ob bereits eine Gefährdung des Steueraufkommens strafbar ist. Demzufolge wird § 370 AO entweder als Verletzungsdelikt oder als Erfolgsdelikt eingeordnet. *Hellmann* sieht in der tatbestandlichen Handlung der Steuerhinterziehung nicht nur eine bloße Gefährdung des Steueraufkommens und begründet dies damit, dass eine endgültige Beeinträchtigung des Steueraufkommens wie bei Straftatbeständen des allgemeinen Strafrechts nicht erforderlich ist. Auch sei eine Nichtfestsetzung eine nicht rechtzeitige Festsetzung, da nach Aufdeckung der Steuerhinterziehung ein Besteuerungsverfahren eingeleitet werden kann[104]. *Ransiek* ordnet die Steuerhinterziehung als konkretes Gefährdungsdelikt ein. Zur Begründung führt er an, dass gemäß § 370 Abs. 4 S. 1 AO ein Erfolg eintritt, wenn eine Steuerfestsetzung unter dem Vorbehalt der Nachprüfung nach § 164 Abs. 1 AO erfolgt. Er stellt fest, dass eine Steuerfestsetzung unter dem Vorbehalt der Nachprüfung nach § 165 Abs. 1 AO nur erfolgen kann, wenn ungewiss ist, ob die Voraussetzungen für die Entstehung einer Steuer eingetreten sind. Aus dem Wortlaut der Vorschriften ergebe sich, dass eine abgeschlossene Schädigung des Steueraufkommens nicht Tatbestandsvoraussetzung sein könne[105].

Die h.M. ordnet die Steuerhinterziehung nicht einheitlich einer Deliktskategorie zu. Insofern wird § 370 Abs. 1 AO Abs. 1 als Verletzungsdelikt betrachtet, wohingegen § 370 Abs. 4 zum Teil zu einem konkreten Gefährdungsdelikt umqualifiziert wird[106].

Die Einteilung der Deliktsnatur als Gefährdungs- oder Verletzungsdelikt folgt aus der Bestimmung des Handlungsobjektes der Steuerhinterziehung. Denn die jeweilige Angriffsform auf das Handlungsobjekt lässt den Rückgriff auf eine bestimmte Deliktsart schließen.

---

[103] *Joecks* in Joecks/Jäger/Rand, Einl. Rn 32.
[104] *Hellmann* in: Hübschmann/Hepp/Spitaler, AO/FGO Rn 58ff.
[105] *Ransiek* in Kohlmann, § 370 AO Rn 58.
[106] Suhr, S. 104; *Kürzinger* in Wannemacher Rn 211.

a) Das Handlungsobjekt im allgemeinen Straftatbestand

Der Begriff des Handlungsobjektes entstammt dem allgemeinen Strafrecht. Es ist zwar eng mit dem Begriff des Rechtsgutes verknüpft. Jedoch ist es vom Rechtsgut zu unterscheiden. Rechtsgüter sind ideelle Sozialwerte, wobei das Handlungsobjekt der konkrete Gegenstand ist, welches das Objekt der Tat bildet und an dem die Tathandlung vollzogen wird[107]. Das Rechtsgut steht damit ausdrücklich nicht im Straftatbestand und darf daher nicht mit dem Tatobjekt verwechselt werden[108]. Rechtsgüter sind Werte oder Rechtsinteressen der Gesamtheit oder Einzelner, die einen besonderen ethischen oder sozialen Rang haben und deren Integrität für ein gedeihliches menschliches Zusammenleben unerlässlich sind. Ein Rechtsgut kann daher zwar vom Täter missachtet, jedoch nicht vom Täter angegriffen und verletzt werden[109].

Der Gesetzgeber stellt deswegen Rechtsgüter in letzter Konsequenz durch Straftatbestände unter Schutz. Zum einem werden durch Straftatbestände missbilligte Handlungen unter Strafe gestellt. Zum anderen missbilligt der Gesetzgeber einen bestimmten Erfolg der Straftat. Das Handlungsobjekt bzw. Tatobjekt in einem Straftatbestand ist der Gegenstand, an welchem sich der Erfolg der konkreten Handlung des Täters vollzieht[110]. Es ist jedoch nicht erforderlich, dass das Handlungsobjekt ein körperlicher Gegenstand bzw. eine Sache gemäß § 90 BGB darstellt, da auch ideelle, wirtschaftliche oder soziale Werte Handlungsobjekt eines Straftatbestandes sein können[111]. Demzufolge besteht das Erfolgsunrecht bei Verletzungs- und Gefährdungsdelikten darin, dass das Handlungsobjekt entweder einer Gefahr der Beeinträchtigung ausgesetzt wird oder dass tatsächlich eine Verletzung des Handlungsobjektes eintritt. Daher wird systematisch je nach Beeinträchtigung des Handlungsobjektes in Verletzungs- und Gefährdungsdelikte sowie zwischen Erfolgs- und Tätigkeitsdelikten unterschieden. Soweit ein Straftatbestand einen von der Handlung gedanklich trennbaren Erfolg in der Außenwelt voraussetzt, liegt ein Erfolgsdelikt vor, wenn jedoch schon ein bestimmtes Tätigwerden als solches genügt, liegt ein Tätigkeitsdelikt vor[112].

Bei Unterscheidung von Verletzungsdelikten und von Gefährdungsdelikten kommt es auf die Intensität der Beeinträchtigung des Handlungsobjekts an[113].

---

[107] Wessels/Beulke/Satzger, § 1 Rn 8; Krey/Esser, § 1 Rn 10; Heinrich, § 1 Rn 12; Kindhäuser, Kindhäuser, § 2 Rn 7.
[108] Rengier, § 3 Rn 1; Baumann/Weber/Mitsch, § 3 Rn 18.
[109] *Jeschek* in LK, § 13 StGB Rn 3.
[110] Baumann/Weber/Mitsch, § 3 Rn 18; Rönnau, JuS 2009, S.210.
[111] Jescheck/Weigend, § 26 I. 4.
[112] *Eisele* in Schönke/Schröder, Vorb. zu § 13 Rn 130.
[113] Roxin,§10 Rn. 122.

In der Rechtswissenschaft gibt es mehrere Bezeichnungen des Handlungsobjektes. Zum Teil wird das Handlungsobjekt als Tatobjekt bezeichnet. Vereinzelt hat sich auch der Begriff des Rechtsgutobjektes durchgesetzt, dessen Begrifflichkeit die Angriffsrichtung der Tathandlung genauer herausstellen soll[114]. Das Rechtsgutobjekt sei insofern das konkrete Objekt, an welchem sich der den Strafvorwurf rechtfertigende Achtungsanspruch haftet, welcher sich speziell an diesem Objekt verdichtet hat[115].

Im Schrifttum werden die Begriffe Verhaltens-, Handlungs-, Tat- und Angriffsobjekt nebeneinander und synonym gebraucht und nicht zwischen den einzelnen Begrifflichkeiten nicht genauer unterschieden. Alle Ansichten haben jedoch gemeinsam, dass sie im Sinngehalt des Handlungsobjektes keine Unterschiede voraussetzen.

b) Das Handlungsobjekt im Straftatbestand der Steuerhinterziehung

Im Tatbestand der Steuerhinterziehung ist das Handlungsobjekt nicht eindeutig geregelt. Dadurch ist in der Literatur eine Kontroverse über die Bestimmung und Bedeutung des Handlungsobjektes entstanden.

aa) Steuereinnahmen als Handlungsobjekt

Eine Ansicht sieht die Steuereinnahmen als Handlungsobjekt der Steuerhinterziehung. Die Ansicht hat sich während der Geltung der Reichsabgabenordnung herausgebildet und orientiert sich am Wortlaut der Vorschrift des § 396 RAO. In der RAO selbst war der Straftatbestand der Steuerhinterziehung erfüllt, wenn eine Verkürzung von Steuereinnahmen eintrat. Danach soll eine Steuerverkürzung vorliegen, wenn der Steuergläubiger die ihm zustehende Steuer bei Fälligkeit nicht pünktlich oder nicht vollständig erhält[116]. Damit wird auf den Erfolg der Steuerverkürzung abgestellt, welche eintritt, wenn der Steuergläubiger die Steuereinnahmen nicht erhält[117].

Die Ansicht sah sich Kritik ausgesetzt. Sie wurde damit begründet, dass unter Steuereinnahmen begrifflich nur bereits eingenommene Steuern als Handlungsobjekt in Betracht kommen können, so dass nur der Kassenbeamte beim Finanzamt einzig in Betracht kommender Täter sein könne, da dem Täter einer Steuerhinterziehung die Steuereinnahmen von vornherein entzogen sind[118]. Auf diesen Vorwurf wurde entgegnet, dass die Verkürzungshandlung eine Einflussnahme des Täters schon vor dem Eingang der Steuern bei der Finanzkasse voraussetzt,

---

[114] Schmidthäuser, 5/29.
[115] Schmidthäuser, 5/29.
[116] Hartung, Steuerstrafrecht, § 396 RAO Anm. IV.
[117] Hartung, Steuerstrafrecht, § 396 RAO Anm. IV.
[118] Franzen, DStR 1965, S. 187 f.

welche sich dann realisiert, wenn die eingehenden Zahlungen hinter dem gesetzlich geschuldeten Betrag zurückbleiben oder vollständig ausbleiben[119].

Nach der Einführung der AO 1977 fand der Bezugspunkt der Steuereinnahmen auch weiterhin Vertreter. Nur das Ausbleiben der tatsächlich vom Fiskus zu vereinnahmenden Eingänge der rechtzeitigen und vollständigen Zahlung der Steuern, das zu schützende Rechtsgut, könnten insofern nachteilig beeinträchtigt werden.[120] Ein Vermögensschaden des Fiskus tritt demzufolge dann ein, wenn die tatsächlich entrichteten Leistungen des Steuerschuldners an den Gläubiger betragsmäßig hinter den geschuldeten zurück bleiben[121]. Der Gesetzgeber habe insofern mit dem Begriff der Verkürzung von Steuern die Minderung der beim Fiskus eingehenden Steuereinnahmen zum Ausdruck bringen wollen[122].

Der Auffassung, dass das Handlungsobjekt der Steuerhinterziehung die Steuereinnahmen sind, ist bedenklich. Dem liegt zu Grunde, dass der Täter bei Verletzungsdelikten auf das Handlungsobjekt einwirken muss. Bei der Steuerhinterziehung bedeutet dies, dass der Täter die Steuereinnahmen beeinträchtigen müsste. Eine derartige Verkürzung bzw. die Erlangung von Steuervorteilen kann der Täter nach zutreffender Auffassung jedoch nicht beeinflussen. Die Anhänger der Ansicht das Handlungsobjekt mit dem Rechtsgut der Steuerhinterziehung finden für derartige Bedenken keine Begründung. Nur auf das Handlungsobjekt kann der Täter einwirken, nicht jedoch auf das Rechtsgut[123]. Insofern trifft die vorgenannte Auffassung den Tatbestand der Steuerhinterziehung ungenau. Das Handeln des Täters wird nicht hinreichend untersucht. Die Handlung des Machens von falschen Angaben, welche sich bei der Steuerhinterziehung ereignet, ist ähnlich wie beim Betrug gemäß § 263 StGB. Der Täter wirkt kommunikativ auf das Opfer ein, so dass ein Irrtum hervorgerufen wird. Daher ruft der Täter der Steuerhinterziehung bei der Finanzbehörde eine unzutreffende Sachverhaltskenntnis hervor oder hält eine Unkenntnis aufrecht[124]. Auch wenn es das Ziel ist Steuerzahlungen zu vermeiden, ist der Weg des Täters, die Kenntnis der Finanzbehörde über den zu Grunde liegenden Steuersachverhalt zu vereiteln.

Eine weitere Schwäche der Auffassung ist, dass Tathandlung und Taterfolg nicht genau voneinander abgegrenzt werden. Soweit zur Rechtfertigung, dass nur der Kassenbeamte Täter einer Steuerhinterziehung sein kann, ausgeführt wird, dass ein Verkürzungserfolg schon mit der Tathandlung beginnt, welcher sich später mit den zurückbleibenden Steuereinnahmen

---

[119] Buschmann/Luthmann, S. 13 ff.
[120] Göggerle, BB 1982, 1851.
[121] *Joecks* in Joecks/Jäger/Randt, § 370 Rn 62.
[122] Göggerle, BB 1982, 1851.
[123] *Jeschek* in LK, § 13 StGB Rn 3
[124] Blumers/Göggerle, Rn 2.

realisiert, wird damit tatsächlich auf die Tathandlung abgestellt. Eine Einwirkung oder Verletzung der Steuereinnahmen ist insofern nach der Auffassung nur möglich, wenn der Täter diese selbst aus der Kasse entnimmt oder die Steuern tatsächlich nicht zahlt. Die Nichtzahlung von Steuern ist jedoch nicht strafbar[125]. Nach zutreffender Ansicht von *Welzel* kann im Endergebnis nur der Kassenbeamten bei der Finanzbehörde Täter einer Steuerhinterziehung sein, da er als Einziger realen Einfluss auf die Steuereinnahmen nehmen kann[126].

bb) behördliche Sachverhaltskenntnis als Handlungsobjekt

Nach einer anderen Auffassung, welche von *Welzel* erstmals vertreten worden ist, ist das Handlungsobjekt der Steuerhinterziehung die behördliche Sachverhaltskenntnis. Damit wird fehlende Sachverhaltskenntnis der Behörde nach der so genannten „Lehre vom Steueranspruch" als Handlungsobjekt der Steuerhinterziehung anerkannt[127]. Die Durchführung der Besteuerung durch die Finanzbehörde wird damit nach der Ansicht von *Schleeh* nur ermöglicht, wenn die Finanzbehörde Kenntnis über die Steuer relevanten Tatsachen und dem staatlichen Besteuerungsanspruch hat[128]. Nach dieser zutreffenden Auffassung wird auf die kommunikativen Einwirkungsmöglichkeiten auf die Kenntnis der Behörde abgestellt. Die Möglichkeit der Einflussnahme der Kenntnisnahme ist nämlich die einzig denkbare Einwirkungsmöglichkeit, welche der Täter auf die Finanzbehörde hat. Der Erfolg einer Steuerhinterziehung ist damit nicht schon dann gegeben, wenn eine Einwirkung auf den Steueranspruch erfolgt, sondern schon dann wenn eine fehlende Erkenntnisbildung bei der zuständigen Finanzbehörde eingetreten ist[129]. Um die korrekte Besteuerung zu ermöglichen, kommt es daher auf die Mitwirkung des Steuerpflichtigen an. In der Abgabenordnung ist der Steuerpflichtige auch zur Mitwirkung angehalten. Zwar gilt der Amtsermittlungsrundsatz in dem Bereich der Steuerverwaltung, jedoch schreiben die §§ 90ff AO Mitwirkungspflichten des Steuerpflichtigen selbst vor. Wenn der Steuerpflichtige daher seinen Mitwirkungspflichten nicht nachkommt, begeht er unter Umständen durch sein Handeln eine Steuerhinterziehung.

---

[125] BGH wistra 1997, 302 (303).
[126] Welzel, NJW 1953, 486.
[127] Welzel, NJW 1953, 486.
[128] Schleeh, StuW 1972, S. 313
[129] Schleeh, NJW 1971, S. 740.

cc) Das Handlungsobjekt in der Rechtsprechung

Die Rechtsprechung hat das Handlungsobjekt ähnlich wie die Lehre vom Steueranspruch konkretisiert. Das Reichsgericht hat bereits entschieden, dass der Grund für die Steuerhinterziehung darin liegt, dass der Steuerpflichtige seine Einnahmen verheimlicht[130] oder seine Steuerpflicht verschweigt[131]. Demnach besteht das Unrecht der Steuerhinterziehung darin, dass aufgrund der Unkenntnis der Behörde über den steuerlich relevanten Sachverhalt der Behörde die Möglichkeit zur Verwaltung der Ansprüche genommen wird[132]. Eine Verkürzung von Steuern ist demnach eine schuldhafte Unterlassung der gebotenen Offenbarung steuerrechtlich erheblicher Tatsachen[133]. Allerding benennt das RG nicht das Handlungsobjekt der fehlenden Offenbarung steuererheblicher Tatsachen beim Namen. Jedoch wird aus den Entscheidungen des RG ersichtlich, dass eine Einflussnahme auf die Willensbildung der Finanzbehörde vorausgesetzt wird. Dies wird umso deutlicher, da das RG ein weiteres ungeschriebenes Tatbestandsmerkmal der „Steuerunehrlichkeit" für erforderlich gehalten hat[134]. Nach der Rechtsprechung des RG war eine Steuerunehrlichkeit" gegeben, wenn der Steuerpflichtige die Behörde über das Bestehen oder für die Durchsetzung des Anspruchs maßgeblicher Tatsachen in Unkenntnis hielt oder durch falsche Tatsachenmitteilung eine falsche Tatsachenkenntnis hervorrief und die Behörde es infolgedessen unterlassen hat, die Steuer einzufordern oder notfalls beizutreiben[135].

Der Rechtsprechung und der Lehre vom Steueranspruch ist damit im Ergebnis zuzustimmen und auf die Tatsachenkenntnis der Behörde zur Bestimmung des Handlungsobjektes zurückzugreifen. Die psychische Einwirkungsmöglichkeit muss daher grundlegender Anknüpfungspunkt für die Tathandlung sein. Denn der Steuergläubiger ist in besonderem Maße auf richtige und vollständige Angaben des Steuerpflichtigen angewiesen[136].

3. Der Erfolg der Steuerverkürzung

Der Tatbestand der Steuerhinterziehung fordert, dass durch die Verkürzungshandlung ein Verkürzungserfolg eintritt. Dieser ist unterschiedlich einzuordnen, soweit in dem Handlungsobjekt des Tatbestandes des § 370 AO entweder die Steuereinnahmen oder die Kenntnis der Finanzbehörde gesehen wird.

---

[130] RGSt 58, 186 (188).
[131] RG JR 1926, Nr. 2192.
[132] RGSt 60, 182 (185).
[133] RGSt 60, 307 (309).
[134] RG JR 1926, Nr. 2192.
[135] RGSt 70, 10 f.; RGSl 76, 195 (198).
[136] *Reiß* in FS Mehle, 2009 S, 497, 502

a) Einwirkung auf die Steuereinnahmen

Die h.M. geht davon aus, dass der Erfolg der Steuerhinterziehung dann eintritt, wenn die Steuereinnahmen nicht rechtzeitig und vollständig bei der Finanzbehörde eingenommen werden. Der Verkürzungserfolg ereignet sich zu dem Zeitpunkt, in welchem die Ist-Einnahme hinter der Soll-Einnahme durch eine Verkürzungshandlung verbleibt, so dass der tatsächliche Eingang der Steuerzahlung dann zeitlich vollständig oder der Höhe nach hinter dem nach materiellem Steuerrecht entstandenen Steueranspruch zurückbleibt[137].

Aufgrund der Vorschrift des § 370 Abs. 4 S. 1 AO ergibt sich jedoch eine Ungenauigkeit der vorbenannten Auffassung mit der gesetzlichen Regelung. Nach § 370 Abs. 4 S. 1 AO sind Steuern namentlich dann verkürzt, wenn sie nicht, nicht in voller Höhe oder nicht rechtzeitig festgesetzt werden. Der Taterfolg ist damit nach der gesetzlichen Regelung auch dann gegeben, wenn eine Festsetzung nicht erfolgt. Der rechtzeitige Eingang der Steuereinnahmen wird ausweislich des Wortlautes jedoch nicht unter Strafe gestellt. Damit verlagert der Wortlaut des Gesetzes den Erfolgszeitpunkt im Gegensatz zur h.M. vor, da die Fälligkeit der Zahlung der Steuer nach der Festsetzung der Steuer durch die Finanzbehörde liegt[138]. Auch wenn in diesem Fall die Steuer nicht fällig ist, liegt trotz alledem ein tatbestandliches strafbares Verhalten vor, auch wenn ein Steuerausfall nicht möglich ist[139].

Wannemacher sieht in der Vorschrift des § 370 Abs. 4 S. 1 AO den Grund darin, eine sich abzeichnende Vermögensgefährdung des Fiskus ausdrücklich dem Taterfolg gleichzustellen. Die Gleichstellung befürworte ebenfalls der Gesetzgeber auch dann, wenn die Steuerfestsetzung nur vorläufig gemäß § 165 AO sei; lediglich einer Steuerfestsetzung unter dem Vorbehalt der Nachprüfung gemäß § 164 AO stehe oder als Steueranmeldung lediglich einer Steuerfestsetzung unter dem Vorbehalt der Nachprüfung gemäß § 168 S. 1 und 2 AO gleichstehe. Dabei stehe eine endgültige Entscheidung der Finanzbehörde noch aus. Daraus wird geschlossen, dass § 370 Abs. 4 S. 1 AO bereits eine Vermögensgefährdung für einen Taterfolg ausreichen lässt, die unter Umständen auch nur abstrakt sein kann , wenn zu geringe Umsätze vorangemeldet werden oder eine Steuerfestsetzung unter dem Vorbehalt der Nachprüfung erfolgt[140].

Insofern wird abweichend von § 370 Abs. 1 AO ein eigenständiger Erfolg in § 370 Abs. 4 S. 1 AO gesehen[141]. Dabei soll § 370 Abs. 1 AO als allgemeiner Verkürzungsbegriff gelten, welche den Tatbestand der Steuerhinterziehung als Erfolgsdelikt und Verletzungsdelikt ein-

---

[137] *Hellmann* in Hübschmann/Hepp/Spitaler, § 370 AO Rn 138, *Jäger* in Klein, AO § 370 Rn 90.
[138] Kirchhof, NJW 1985, S. 2981.
[139] Menke, S. 158f.
[140] *Kürzinger* in Wannemacher, Rn 267.

stuft. § 370 Abs. 4 S. 1 AO stelle eine besondere Fallkonstellation dar, in welcher ein Steuerschaden noch nicht eingetreten, dieser jedoch regelmäßig zu erwarten sei[142]. Daraus wird dann geschlossen, dass der Tatbestand der Steuerhinterziehung wegen des besonderen Verkürzungsbegriff des § 370 Abs. 4 S. 1 AO und des Kompensationsverbot aus § 370 Abs. 4 S. 3 AO als konkretes Gefährdungsdelikt anzusehen sei[143].

Aus diesem Grund wird von *Joecks* in seiner Schlussfolgerung zwischen dem Taterfolg innerhalb des Festsetzungsverfahrens und außerhalb des Festsetzungsverfahrens unterschieden. Außerhalb des Festsetzungsverfahrens bestehe der Verkürzungserfolg in einem Vermögensschaden, der in einem mengenmäßigen wie auch in einem Verspätungsschaden bestehen könne. Innerhalb des Festsetzungsverfahrens setzt § 370 Abs. 4 S. 1 AO die Vermögensgefährdung im Festsetzungsverfahren als Vermögensschaden gleich. Wenn das Gesetz die nicht rechtzeitige Festsetzung ausreichen lasse, erfasse es die konkrete Gefahr von Verspätungsschäden. Wenn die zu niedrige Festsetzung den Verkürzungserfolg ausmache, werden sowohl konkrete Gefahren des mengenmäßigen wie auch konkrete Gefahren des Verspätungsschadens erfasst[144].

Die dargestellte Meinung, welche zwei unterschiedliche Verkürzungsbegriffe sieht und auf die Steuereinnahmen abstellt, ist abzulehnen. Aus dem Gesetz selbst ergibt sich nicht, dass zwei unterschiedliche Verkürzungsbegriffe bestehen. Aus dem Wortlaut des § 370 Abs. 4 S. 1 AO ergibt sich lediglich, dass Steuern namentlich auch verkürzt sind, wenn die genannten Tatbestandsvoraussetzungen vorliegen. Der Wortlaut, welcher nach der Reform der AO 1977 eingefügt worden ist, ist zwar misslich gewählt, jedoch ergibt sich nicht zwingend die Existenz von zwei unterschiedlichen Verkürzungsbegriffen. Mit dem Wort „namentlich" kann dem Gesetzgeber ebenfalls unterstellt werden, dass eine Klarstellung hinsichtlich des Taterfolges § 370 Abs. 1 AO in § 370 Abs. 4 S. 1 gewollt war. Aus den Gesetzesbegründungen ergibt sich ebenfalls keine zwingende Schlussfolgerung für einen weiteren Verkürzungsbegriff, da der Gesetzgeber keine Änderungen am Tatbestand selbst vornehmen wollte[145].

b) Einwirkung auf die behördliche Sachverhaltskenntnis

Soweit das Handlungsobjekt des Straftatbestandes der Steuerhinterziehung als Einwirkung auf die behördliche Sachverhaltskenntnis eingeordnet wird, tritt der Verkürzungserfolg mit der fehlende Offenbarung des Steuerpflichtigen über seine steuererblichen Tatsachen ein, wodurch die Finanzbehörde eine Besteuerung unterlässt.

---

[141] *Joecks* in Joecks/Jäger/Randt, § 370 Rn 60.
[142] Kirchhof, NJW 1985, S. 2981.
[143] Suhr, S. 150.
[144] *Joecks* in Joecks/Jäger/Randt, § 370 Rn 68f.

Nach zutreffender Auffassung von *Schleeh* wird der Erfolg der Steuerhinterziehung darin angesehen, dem Fiskus die Kenntnis über die Höhe oder das Bestehen des ihm zustehenden Steueranspruchs zu nehmen[146]. Durch die strafrechtlich missbilligte Tathandlung des § 370 Abs. 1 AO nehme der Steuerpflichtige der Finanzbehörde die notwendige Kenntnis über den steuererheblichen Sachverhalt, wodurch ihr die Möglichkeit genommen werde, Willen entsprechend der tatsächlichen Besteuerungsgrundlagen bilden und ausüben zu können. Der Erfolg der Steuerhinterziehung tritt dadurch hervor, dass der Steuerpflichtige zunächst die Finanzbehörde in Unkenntnis über die Besteuerungsgrundlagen setzt, wobei der Erfolg dann vollendet sei, wenn die Finanzbehörde ihren Steueranspruch nicht oder nicht hinreichend geltend mache[147]. Um den Erfolg zu verwirklichen, sind zwei Schritte notwendig: Zum einen das Hervorrufen einer unzureichenden Sachverhältnis der Finanzbehörde und zum anderen das fehlende Handeln der Finanzbehörde. Indem es der Finanzbehörde misslingt, ihren Steueranspruch zu verwirklichen, tritt der Erfolg der Steuerhinterziehung erst zu Tage[148].

Weiterhin wird in dem Verkürzungserfolg eine Wertminderung des steuerlichen Anspruchs gesehen, welche nicht nur durch einen endgültigen Steuerausfall entstehe, sondern schon dann, wenn die Festsetzung aufgrund der falschen Angaben zu niedrig ist, aufgrund von unterlassenen Angaben unterbleibt oder nicht rechtzeitig wegen verspäteter Angaben folgt[149].Dies wird damit begründet, dass die Realisierung des Steueranspruches davon abhängt, dass der Steuerpflichtige bei einer irrtümlichen Annahme falscher Besteuerungstatsachen oder bei fehlender Kenntnis von den Besteuerungstatsachen seine Angaben richtig stellen kann, unterlassene Angaben nachholen oder die Finanzbehörde den steuerlichen Sachverhalt von Amts wegen ermitteln kann[150]. Da die nachträgliche Kenntniserlangung unsicher sei, ist demnach auf die Kenntniserlangung bei den ursprünglichen oder den fehlenden Angaben abzustellen[151].

Im Ergebnis ist bei dem Taterfolg auf die fehlende Sachverhaltskenntnis der Behörde abzustellen. Durch die Bestimmung des Handlungsobjekts als den Angriff des Steuerpflichtigen auf die Kenntnis der Steuerbehörde ist ein Erfolg dann eingetreten, wenn die Finanzbehörde erstmals aufgrund der falschen oder fehlenden Angaben des Steuerpflichtigen in Unkenntnis verbleibt. Die Auffassung ist insofern konsequent, da sie an die Mitwirkungspflichten des Steuerpflichtigen aus § 90ff AO anknüpft. Soweit der Steuerpflichtige diese im Besteue-

---

[145] BT -Drucks. VI/1982, S. 195.
[146] Schleeh, FR 1971, S. 118.
[147] Schleeh, FR 1971, S. 118.
[148] Schleeh, FR 1971, S. 118.
[149] *Hellmann* in: Hübschmann/Hepp/Spitaler, AO/FGO, § 370 Rn 140.
[150] *Hellmann* in: Hübschmann/Hepp/Spitaler, AO/FGO, § 370 Rn 140.
[151] *Hellmann* in: Hübschmann/Hepp/Spitaler, AO/FGO, § 370 Rn 140.

rungsverfahren verletzt, ist damit der Erfolg der Steuerhinterziehung eingetreten, da der Tatbestand des § 370 Abs. 1 AO gerade die fehlende Offenbarung von steuerlichen Pflichten sanktioniert.

Soweit auf die Steuereinnahmen als Verkürzungserfolg abgestellt wird, steht dies auch im Widerspruch zu den Vorschriften der strafbefreienden Selbstanzeige. Erste genannte Voraussetzung für die Straffreiheit ist gemäß § 371 Abs. 1 S. AO, dass der Steuerpflichtige seine falschen Angaben berichtigt, die unvollständigen Angaben ergänzt oder die unterlassenen Angaben nachholt. Die nachträgliche Aufklärung stellt den ersten Schritt zur Straffreiheit dar. Erst danach sind die hinterzogenen Steuern gemäß § 371 Abs. 3 S. 1 AO nachzuentrichten. Damit ist es dem Fiskus auch bei einer fehlenden Nachzahlung der hinterzogenen Steuern und damit einer fehlenden Straffreiheit möglich, seine Anspruchsdurchsetzung günstiger zu gestalten als vor der Selbstanzeige, da der Fiskus vor der Selbstanzeige Unkenntnis von dem steuererblichen Sachverhalt hatte.

c) Verkürzungserfolg nach der Rechtsprechung

Die Rechtsprechung des RG hat an das Merkmal der „Steuerunehrlichkeit" herausgearbeitet. Diese ist dann gegeben, wenn der Steuerpflichtige die Behörde über das Bestehen oder für die Durchsetzung des Anspruchs maßgebliche Tatsachen in Unkenntnis hielt oder durch falsche Tatsachenmitteilung eine falsche Tatsachenkenntnis hervorrief und die Behörde es infolgedessen unterlassen hat, die Steuer einzufordern oder notfalls beizutreiben[152]. Soweit Steuern verkürzt seien wird die Strafbarkeit damit begründet, dass der Steuerpflichtige seine Steuerpflichtigkeit verschwiegen hat[153].

Der BGH hat sich der Rechtsprechung des RG angeschlossen. Nach ständiger Rechtsprechung des BGH tritt der Erfolg der Steuerhinterziehung ein, wenn die Finanzverwaltung das ihr als Steuergläubiger zustehende Forderungsrecht nicht oder nur unzureichend ausübt[154].

4. Tatvollendung

Vollendet ist die Tat, wenn sämtliche Tatbestandsvoraussetzungen einer strafrechtlichen Norm erfüllt sind, wohingegen eine Tat beendet ist, wenn die Tat ihren Abschluss erreicht hat[155].

---

[152] RGSt 70, 10f.; RGSt 76, 195 (198).
[153] RGSt 58, 186 (188); RGSt 70, 10 (11).
[154] BGH NJW 1953, 1841; BGHSt 25, 190 (203).
[155] *Vogelberg* in Simon/Vogelberg, S. 102

25

Bei der Steuerfestsetzung ist die Tat vollendet, wenn durch die fehlende Sachverhaltskenntnis der Steuerbescheid dem Steuerpflichtigen bekanntgegeben ist, wobei die Bekanntgabe der Festsetzung (vgl. § 155 Abs. 1 S. 1 AO) nach § 124 AO die Wirksamkeit des Steuerbescheides voraussetzt[156].

Soweit ein Fall des Unterlassens vorliegt, ist die Tat nach der Rechtsprechung vollendet, wenn die Veranlagungsarbeiten in dem betreffenden Bezirk für den maßgeblichen Zeitraum abgeschlossen sind[157]. Die Auffassung der Rechtsprechung wird von der Literatur insofern eingeschränkt, dass für den Fall des Unterlassens die Veranlagungsarbeiten im „Großen und Ganzen" oder im Wesentlichen abgeschlossen sein müssen, was wegen des Grundsatzes „in dubio pro reo" auch kritisch gesehen wird[158].

5. Der Umfang der Steuerverkürzung

Für die Begründung der Strafbarkeit der Steuerhinterziehung sowie für die Strafzumessung ist es erforderlich, dass der Umfang der Steuerverkürzung in der Form einer konkreten Verkürzungsberechnung festgestellt wird. Die Unrechts- und damit Schuldhöhe ist maßgeblich von der Größe des erstrebten und erzielten Vermögensschadens abhängig[159]. Das Kompensationsverbot gemäß § 370 Abs. 4 S. 3 AO schließt die Aufrechnung von bislang unberücksichtigten Gründen aus. Daher ist es möglich, aus dem Verkürzungsumfang auf das Kompensationsverbot Rückschlüsse zu ziehen.

a) Vergleich Ist- und Solleinnahme

Der konkrete Umfang der Steuerverkürzung setzt einen Vergleich der tatsächlich festgesetzten oder nicht festgesetzten Steuer mit der gesetzlich geschuldeten Steuer voraus, wobei der Umfang der Steuerverkürzung nicht mit dem eingetretenen Steuerschaden gleichzusetzen ist[160]. Nach der h.M ergibt sich der Umfang der verkürzten Steuer bei unrichtigen oder unvollständigen Steuererklärungen grundsätzlich aus der Differenz zwischen der aufgrund des unrichtigen Sachverhalts zu errechnenden Steuer (Steuer-Ist) und dem nach Berichtigung des Sachverhalts festzusetzenden Betrag (Steuer-Soll)[161].

---

[156] *Wiese* in Wannenacher, Rn 589.
[157] BGH wistra 2002, 64 (66); BGH wistra 1999, 385 (386).
[158] *Hellmann* in: Hübschmann/Hepp/Spitaler, AO/FGO Rn 150.
[159] *Joecks* in Joecks/Jäger/Randt, § 370 Rn 70.
[160] *Hellmann* in: Hübschmann/Hepp/Spitaler, AO/FGO Rn 154.
[161] *Ransiek* in: Kohlmann, § 370 Rn 475.

Liegt ein Fall der verspäteten Abgabe einer Steuererklärung oder Steueranmeldung vor, liegt ein Fall der Steuerverkürzung auf Zeit vor, wobei der Verkürzungserfolg gering ist, da lediglich ein „Verspätungsschaden" eintritt[162].

Der Vergleich der Ist-Einnahmen mit den Soll-Einnahmen ist nach hier vertretender Ansicht nicht für den Verkürzungserfolg heranzuziehen. Eine Anknüpfung an die Steuereinnahmen für den Verkürzungserfolg ist insofern nicht sachgerecht, da für den tatbestandlichen Erfolg der Steuerhinterziehung an die Angaben des Steuerpflichtigen abzustellen ist.

b) Berechnung der Verkürzung durch die Angaben des Steuerpflichtigen

Überzeugend dagegen ist eine andere Auffassung, welche für die Berechnung des Verkürzungserfolges auf die Verletzung der Offenbarung von steuerlich erheblichen Tatsachen anknüpft[163]. Demnach zeigt sich der Verkürzungserfolg durch die fehlerhafte oder unterlassene Mitteilung der vom Steuerpflichtigen offenbarten Besteuerungsgrundlagen, so dass ein Verkürzungserfolg in der Höhe eintritt, in welcher die Geltendmachung durch die Behörde betragsmäßig oder in zeitlicher Abfolge unterbleibt[164]. Der Erfolg der Steuerhinterziehung muss also in der Höhe von den Angaben abhängig gemacht werden, welche der Steuerpflichtige selbst geschaffen hat. In der konkreten Höhe muss der Verkürzungserfolg darin gesehen werden, in welchem eine Vergleichsberechnung aufgestellt wird, in welcher die falschen oder unterlassenen Angaben mit den tatsächlichen der Wahrheit entsprechenden Angaben ersetzt werden[165]. Da es beim Abstellen des Verkürzungserfolgs auf die Willensbildung der Behörde ankommt, könne insofern auch nicht eine Steuerverkürzung auf Zeit gegeben sein, sondern eine fehlende Festsetzung, so dass es sachgerecht sei, bei dem strafrechtlichen Verkürzungsbegriff auf den gesamten Betrag abzustellen und da lediglich ein Zinsschaden eingetreten sei, diesen bei der Schuldzumessung zu berücksichtigen[166].

c) Verkürzungsberechnung der Rechtsprechung

Im Folgenden soll erörtert werden, wann die Rechtsprechung das Kompensationsverbot anwendet. Die Rechtsprechung des Bundesgerichtshofs wendet dabei das Kompensationsverbot an, wenn gemäß § 370 Abs. 4 S. 3 AO „andere Gründe" vorliegen, welche die Steuer ermäßigt hätten.

---

[162] *Hellmann* in: Hübschmann/Hepp/Spitaler, AO/FGO Rn 154.
[163] Schleeh, FR 1971, S.122.
[164] Schleeh, FR 1971, S. 123.
[165] BGHSt 7, 336 (345).
[166] Menke, S.195.

aa) Die Rechtsprechung des Reichsgerichts

Die „Bordellzinsen-Entscheidung" des RG von 1912 war Anlass dafür, das Vorteilsausgleichsverbot Abgabenordnung aufzunehmen[167]. Wie oben ausgeführt, hatte der Steuerpflichtige bereits in seiner Steuererklärung seine Einkünfte zu hoch angesetzt. Zwar ging es in der Entscheidung um einen Ausgleich von steuerbegründenden und steuerermäßigenden Tatsachen, jedoch wurden diese vom Steuerpflichtigen nicht nachträglich vorgebracht, sondern waren bereits mit der Einkommensteuererklärung gemacht worden.

In der ersten Anwendung des Kompensationsverbots ist hat das RG festgestellt, dass es ohne Bedeutung für die Bestrafung sei, dass der Verkürzungsbetrag wegen im Strafverfahren geltend gemachten Abzügen oder anderen Gründen ermäßigt werden könne, wobei sich das RG darauf beschränkt hat, als Rechtsgrundlage den damals geltenden § 359 Abs. 3 RAO zu zitieren[168]. In einem weiteren Urteil von 1933 stellt das Gericht fest, dass eine Bestrafung nicht erfolgen dürfe, wenn zwar vorsätzlich falsche Angaben gemacht worden sind, der Täter jedoch keine Steuern verkürzen wollte[169]. Ein Urteil des RG von 1931 beruft sich auf seine Entscheidung von 1923 und versagt nachträglich einen Ausgleich wegen steuerlich zulässiger Abschreibungen[170]. In einem Urteil von 1930 lässt das Gericht erkennen, dass nachträgliche Gründe, die einer Steuerermäßigung mit sich gebracht hätten, dann berücksichtigt worden werden sollen, wenn diese dem Täter schon bei der Tatbegehung bekannt gewesen wären, so dass ein Vorsatz zu verneinen wäre[171]. *Meine* hat die Rechtsprechung des RG als subjektiven Lösungsansatz bezeichnet und schlussfolgert, dass RG bei der Beurteilung des Vorteilsausgleichsverbots den subjektiven Tatbestand heranzieht[172]. Dem kann jedoch nicht gefolgt werden. Das RG hat zwar keine ausdrücklichen Feststellungen zu dem objektiven Tatbestand des Vorteilsausgleichsverbots getroffen, jedoch wird es im objektiven Tatbestand angewandt. Das RG hat lediglich Feststellungen für den Vorsatz getroffen.

bb) Die Rechtsprechung des BGH

Der BGH hat sich der Rechtsprechung des Reichsgerichts angeschlossen, dass nachträglich vorgebrachte Gründe, die zu einer Steuerermäßigung führen nicht berücksichtigt werden können. Allerdings dürfte es dem Steuerpflichtigen nicht zum Nachteil gelangen, dass er Ermäßigungen geltend mache, welche ihm ohne vorherige Antragstellung hätten zuerkannt werden müssen, soweit er anstelle der falschen unrichtige Angaben gemacht hätte[173]. Der BGH setzt

---

[167] Meine, S. 66.
[168] RGSt 58, 40 (41).
[169] RG Urteil vom 06.07.1933, JW 1933 (2396).
[170] RGSt 70, 3 (6).
[171] RG, Urteil vom 30.11.1936, Mrozek, § 396 Absatz 3 RAO R. 3.
[172] Meine, S. 14.
[173] BGH, MDR 1976 770 (771)..

voraus, dass die steuerermäßigenden Tatsachen mit den steuererhöhenden Tatsachen in einem unmittelbaren wirtschaftlichen Zusammenhang stehen müssen[174]. Damit stellt der BGH auf die objektive Tatbestandsseite ab. Das Kompensationsverbot hat der BGH in einer Reihe von Entscheidungen konkretisiert, welche nun vorgestellt werden.

aaa) Einkommenssteuer

Auf dem Gebiet der Steuern existieren zahlreiche Entscheidungen des BGH. Für den Fall der Geltendmachung von Betriebsausgaben oder Werbungskosten, welche in einem Zusammenhang mit den verschiedenen Einnahmen stehen, hat der BGH das Kompensationsverbot nicht angewandt. Soweit die Betriebsausgaben in einem unmittelbaren wirtschaftlichen Zusammenhang mit den verschwiegenen Betriebseinnahmen stehen, wirken sie sich gewinnmindernd aus, auch wenn sie nachträglich im Strafverfahren bekannt geworden sind[175]. Dies gilt für Anschaffungskosten, Materialkosten oder auch Provisionen[176]. Allerdings wendet der BGH das Kompensationsverbot an, wenn Betriebsausgaben für andere Waren geltend gemacht werden, welche nicht mit den verschwiegenen Einnahmen, sondern mit offenbarten Einnahmen zusammenhängen. In diesem Fall bestünde kein unmittelbarer wirtschaftlicher Zusammenhang[177]. Der BGH hat in zutreffender Weise das Kompensationsverbot nicht angewandt, jedoch folgt dies bereits aus der Gewinnermittlung der steuerrechtlichen Vorschriften. Nach §§ 4 und 5 EStG mindern Betriebsausgaben und Werbungskosten den Gewinn bzw. den Überschuss. Nach der hier vertretenen Auffassung, wonach ein Vergleich der falschen Angaben mit den tatsächlichen Sachverhalt aufgestellt werden muss, würde sich insofern in der Höhe, in welcher der Steuerpflichtige auch die Ausgaben verschwiegen hat, kein Verkürzungserfolg er ergeben.

Der BGH hat bei Scheinrechnungen, bei welchen falsche Ausgaben gebucht worden sind, um den wahren Empfänger zu verheimlichen, das Kompensationsverbot nicht angewandt. In dem sogenannten Schrotthändlerfall hat der BGH dargelegt, dass es sich nicht um eine strafbare Steuerhinterziehung sondern lediglich um eine straflose Vorbereitung handelt[178]. Auch wenn Ausgaben vorliegen, hat der Steuerpflichtige damit über die Empfänger getäuscht. Dem ist insofern zuzustimmen, dass in diesem Fall kein Kompensationsfall vorliegt. Jedoch ist schon der objektive Tatbestand des § 370 Absatz 1 S. 1 AO nicht erfüllt, da der Steuerpflichtige der Höhe nach keine unrichtigen Angaben gemacht hat.

---

[174] BGH, Urteil vom 31.01.1978, StRK AO 1977, § 370 R, 2.
[175] BGH, Urteil vom 31.01.1978, StRK AO 1977, § 370 R. 2.
[176] BGH, Urteil vom 31.01.1978, StRK AO 1977, § 370 R. 2.
[177] BGH, BStBl I 1961, S. 495.
[178] BGH wistra 1985, 163 (165).

In dem sogenannten Bardamen-Fall hat der BGH schwarz gezahlte Löhne zum Abzug zugelassen, wobei gleichzeitig eingelöste Schecks, welche zur Entlohnung der Bardamen vorgesehen waren, nicht erklärt worden sind. Dies wurde damit begründet, dass die Schwarzlöhne in einem unmittelbaren wirtschaftlichen Zusammenhang mit dem Scheckerlösen stehen[179].

Der BGH wendet dagegen das Kompensationsverbot uneingeschränkt an, wenn der Steuerpflichtige keine schwarzen Ausgaben gebucht hat und dafür Einnahmen nicht erklärt. In dem so genannten Koksfall hat der BGH entschieden, dass der Kohlehändler, nicht buchungsmäßig erfasste Ausgaben nicht mit schwarzen Einnahmen kompensieren könne[180]. Dies gilt auch für den Fall, wenn der Steuerpflichtige sich Scheinrechnungen ausstellen lässt, um nicht abzugsfähige Schmiergelder ausgleichen zu können[181]. In diesen Fällen ist zuzustimmen, dass die geltend gemachten Ausgaben nicht zu berücksichtigen sind. Dies ist allerdings nicht aus dem Kompensationsverbot herzuleiten, da die Ausgaben tatsächlich getätigt worden sind.

Für den Fall von steuerlichen Rückstellungen hat der BGH das Kompensationsverbot nicht angewandt. Rückstellungen werden handelsrechtliche und steuerrechtlich für zukünftige Aufgaben gebildet. Diese werden gemäß § 249 Abs. 1 S. 1 HGB handelsrechtlich für Verluste oder Verbindlichkeiten auf der Passivseite der Bilanz ausgeglichen und sind gemäß § 5 Abs. 1 S. 1 EStG auch für die Steuerbilanz maßgeblich. Der BGH begründet die fehlende Anwendung des Kompensationsverbots damit, dass ein enger wirtschaftlicher Zusammenhang zwischen den steuerlichen Rückstellungen und dem Gewinn besteht[182]. Da eine gesetzliche Verpflichtung besteht Rückstellungen zu bilden, seien dem Steuerpflichtigen die Vergünstigungen auch von Rechts wegen zu gewähren, sofern er die richtigen Angaben gemacht hätte[183]. Das Ergebnis der Rechtsprechung ist zutreffend. Für den Fall, in welchem Rückstellungen für Steuern nicht gebildet worden sind und diese bereits zwingend gesetzlich zu bilden gewesen wären, ergibt ein Vergleich der falschen Angaben des Steuerpflichtigen mit dem tatsächlich steuerrechtlich zutreffenden Sachverhalt, dass in der Höhe, in welchem die Rückstellungen zu bilden gewesen wären, der Verkürzungserfolg verringert wird.

Allerdings wendet der BGH das Kompensationsverbot in den Fällen an, in welchen Rückstellungen für Schadensersatzverpflichtungen zu bilden sind[184]. Für diese besteht in steuerlicher Hinsicht eine Passivierungspflicht. Da wegen der steuerrechtlichen Pflicht einen Passivposten in der Bilanz bilden, eine vergleichbare Sach- und Rechtslage hinsichtlich Steuern und Scha-

---

[179] BGH wistra 1990, S. 232ff.
[180] BGH, BStBl 1961, 495 (497).
[181] BGH wistra 1990, S. 59; BGH HFR 1991, S. 496.
[182] BGHSt 7, 336 (346).
[183] BFHE 97, 524.
[184] BGH,09. Beschluss vom 07.09., HFR 1995 (97).

densersatzverpflichtungen besteht, ist die Rechtsprechung des BGH unverständlich. In einem solchen Fall ist ein verringerter Verkürzungserfolg entsprechend den zu bildenden Rückstellungen wegen der Schadensersatzverpflichtung anzunehmen.

Bei unterlassenen Einlagebuchungen wendet der BGH das Kompensationsverbot an. Soweit Einlagen nachgeholt oder erhöht werden, kann der Steuerpflichtige strafrechtlich keine Kompensation mit verschwiegenen Betriebseinnahmen geltend machen[185]. Im Hinblick auf die Kompensationsmöglichkeit von Werbungskosten und Betriebsausgaben ist diese Entscheidung widersprüchlich. Nach § 4 Abs. 1 S. 1 EStG ist Gewinn der Unterschiedsbetrag zwischen dem Betriebsvermögen am Schluss des Wirtschaftsjahres und dem Betriebsvermögen am Schluss des vorangegangenen Wirtschaftsjahres, vermehrt um den Wert der Entnahmen und vermindert um den Wert der Einlagen. Aus steuerlicher Sicht sind daher Einlagen zwingend zu berücksichtigen. Insofern ist die unterschiedliche Berücksichtigung von Betriebsausgaben und Werbungskosten einerseits und Einlagen andererseits durch den BGH nicht zu rechtfertigen.

Der BGH hat auf den Verlustvortrag nach § 10d Abs. 2 EStG zunächst das Kompensationsverbot angewandt. Zur Begründung führt der BGH in seinem Urteil aus, dass frühere Verluste mit verschwiegenen Gewinnen des zu beurteilenden Veranlagungszeitraumes in keinem unmittelbaren wirtschaftlichen Zusammenhang stünden[186]. Allerdings hat der BGH auch seine Rechtsprechung hinsichtlich des Verlustvortrages geändert und es als rechtsfehlerhaft angesehen, einen gewerbesteuerlichen Verlustvortrag nicht zu berücksichtigen, wenn sich der Täter schon im Besteuerungsverfahren darauf berufen hat[187]. Die Änderung der Rechtsprechung des BGH ist zu begrüßen, da der Verkürzungserfolg sich in dem Umfang mindert, in welchem der Steuerpflichtige diesen in seiner Steuererklärung berücksichtigen lassen will.

bbb) Umsatzsteuer

Die Hinterziehung von Umsatzsteuer wird dadurch begangen, indem der Steuerpflichtige Umsätze verschweigt oder indem er gezahlte Vorsteuer vortäuscht, um eine Umsatzsteuererstattung zu erlangen. Eine endgültige Hinterziehung von Umsatzsteuer tritt schon dann ein, wenn der Steuerpflichtige falsche Umsatzsteuervoranmeldungen abgibt[188]. Die falsche Abgabe einer Umsatzsteuer- Jahreserklärung ist keine mitbestrafte Nachtat nach der Rechtsprechung, wenn falsche Umsatzsteuervoranmeldungen abgegeben werden[189].

---

[185] BGH, Urteil vom 28.02.1978, StRK AO 1977, § 370 R. 3.
[186] BGH wistra, 1984, S. 183.
[187] BGH NStZ 2011, 294.
[188] BGH ZfZ 1958, 145 (147).
[189] BGH, wistra 1997, S. 159.

Der BGH hat in ständiger Rechtsprechung entschieden, dass die Vorsteuern gegenüber hinterzogenen Umsatzsteuern den Verkürzungserfolg nicht mindern, da das Kompensationsverbot Anwendung findet[190]. Seine Auffassung begründet der BGH in einem Urteil aus 1978 damit, dass kein unmittelbarer wirtschaftlicher Zusammenhang zwischen den steuerpflichtigen Umsätzen und den abziehbaren Vorsteuern besteht[191]. Demnach sei es ausreichend, dass die Voraussetzungen des § 15 Abs. 1 UStG vorliegen, so dass auch ein entscheidender Unterschied für die Beurteilung des Kompensationsverbots bei der nachträglichen Geltendmachung durch Betriebsausgaben gegeben sei. Damit liegen nach der Rechtsprechung mit den steuerbaren Umsätzen und den gezahlten Vorsteuern zwei unabhängige Besteuerungsgrundlagen vor, die jeweils getrennt voneinander betrachtet werden. Die Rechtsprechung des BGH ist durch die Rechtsprechung des BFH zu erklären. Auch nach der höchstrichterlichen Rechtsprechung der Finanzgerichtsbarkeit werden die steuerbaren Umsätze einerseits und die abziehbaren Vorsteuern andererseits jeweils als zwei voneinander unabhängig getrennt Besteuerungsgrundlagen angesehen[192].

Da die an das Finanzamt abzuführende Umsatzsteuer jedoch auf dem Saldo der eingenommenen Umsatzsteuer und den abzugsfähigen Vorsteuern besteht, ist die Anwendung des Kompensationsverbots kritisiert worden. Die Erwähnung der Rechtsprechung des BGH wird damit begründet, dass zu zahlende Umsatzsteuer und abzugsfähige Vorsteuern einen einheitlichen Lebenssachverhalt abbildet. Auch wenn zwei unterschiedliche Besteuerungsgrundlagen bestehen, seien diese bezogen auf das Steuerstrafrecht nicht anwendbar und eine unterschiedliche Anwendung von Betriebsausgaben nicht gerechtfertigt, weil Vorsteuern und Umsatzsteuern in einem wirtschaftlichen Zusammenhang stehen[193]. Demzufolge sei auf den Saldo von Umsatzsteuer und Vorsteuer zurückzugreifen[194].

Eine andere Auffassung hält die Rechtsprechung des BGH für richtig. Ein Verkürzungserfolg ist demnach unabhängig von den abzugsfähigen Vorsteuern anzunehmen. Das Kompensationsverbot ist jedoch schon nicht anwendbar, da der Vorsteuerabzug einen eigenständigen Anspruch des Steuerpflichtigen gegen die Finanzbehörde begründet[195]. Da ein rechtlicher Anspruch des Steuerpflichtigen bestehe, sei es nicht notwendig auf einem unmittelbaren wirtschaftlichen Zusammenhang zurückzugreifen.

---

[190] vgl BGH wistra 1990, 107 (108).
[191] BGH UStR 1978, 151 (152).
[192] BFHE 120, 562 (563).
[193] Blumers/Göggerle, Rn 321.
[194] Meine, S. 39.
[195] Schumann, wistra 1992, S. 210.

Die Ansicht des BGH ist abzulehnen. Der BFH nimmt entgegen der Rechtsprechung des BGH an, dass ein unmittelbarer wirtschaftlicher Zusammenhang von Vorsteuer einerseits und von Umsatzsteuer andererseits bei der Anwendung der 6. EG-Richtlinie zur Harmonisierung der Umsatzsteuer gegeben ist[196]. Dabei ist jeweils auf die unterschiedlichen Voranmeldungszeiträume abzustellen. Soweit der Steuerpflichtige in dem jeweiligen Voranmeldungszeitraum Umsatzsteuer und Vorsteuer miteinander verrechnet, ist in der Höhe der Verkürzungserfolg durch den Saldo festzustellen. Der Anknüpfungspunkt des BGH des unmittelbaren wirtschaftlichen Zusammenhangs bei der Umsatzsteuer wird nicht konsequent angewandt. Tatsächlich stehen Vorsteuer und Umsatzsteuer wie der BFH zutreffend ausführt in einem unmittelbaren wirtschaftlichen Zusammenhang. Die Erklärung, dass zwei unterschiedliche Besteuerungsgrundlagen vorliegen, ist nicht überzeugend. Die Situation des Steuerpflichtigen ist ähnlich im Fall der Umsatzsteuer wie im Fall der Betriebsausgaben, welche der Steuerpflichtige beim Verkürzungserfolg mindernd in Ansatz bringen kann.

Bei der Einfuhrumsatzsteuer hat der BGH das Kompensationsverbot nicht angewandt. Der BGH hat dies in einem Urteil von 2012 damit begründet, dass kein Abzug von Umsatzsteuern vorgenommen wird, so dass auch keine Verrechnung stattfinden könne[197].

III. Der subjektive Tatbestand des § 370 AO

Die Steuerhinterziehung setzt ein vorsätzliches Verhalten des Steuerpflichtigen voraus. Gemäß § 369 Abs. 2 AO iVm § 15 StGB gelten für die Bestimmung des vorsätzlichen Handelns die allgemeinen Vorschriften des Strafrechts. Fahrlässiges Handeln wird im Gegensatz dazu nicht als Straftatbestand geahndet. Soweit die strafrechtliche Schwelle der Steuerhinterziehung noch nicht überschritten ist, jedoch Steuern verkürzt sind, kommt die Ordnungswidrigkeit der leichtfertigen Steuerverkürzung nach § 378 AO in Betracht. Daher ist es wichtig zu untersuchen, ob der Steuerpflichtige vorsätzlich gehandelt hat, um dem Schuldprinzip gerecht zu werden[198]. Gemäß § 16 Abs. 1 S. 1 StGB handelt derjenige, der bei der Begehung der Tat einen Umstand nicht kennt, der zum gesetzlichen Tatbestand gehört, nicht vorsätzlich.

Das Kompensationsverbot bietet wegen seiner komplexen Regelungen bei der Erfüllung des objektiven Tatbestandes der Steuerverkürzung Anlass, die subjektive Tatbestandsseite näher zu untersuchen. Insofern müssen die objektiven Tatbestandsmerkmale in Hinblick auf den Vorsatz näher untersucht werden.

---

[196] BFHE 194, S. 498.
[197] BGH wistra 2012, 440ff.
[198] Frick in Kohlmann Strafverfolgung, S. 41

1. Vorsatz in Bezug auf die objektiven Tatbestandsmerkale des § 370 AO

Im allgemeinen Strafrecht handelt vorsätzlich, wer mit Wissen und Wollen den objektiven Tatbestand verwirklicht[199]. Damit genügt für die Erfüllung des subjektiven Tatbestands bereits Eventualvorsatz[200]. In der Rechtsprechung des BGH wird auch auf den Eventualvorsatz angeknüpft, da die Annahme von direktem Vorsatz wegen der Komplexität des Steuerrechts problematisch ist, da in diesem Fall auch ein Nachweis zu führen ist[201]. Der Vorsatz muss dementsprechend alle objektiven Tatbestandsmerkmale der Steuerhinterziehung umfassen.

Dabei muss auf das Tatbestandsmerkmal der Steuerverkürzung besonders eingegangen werden, weil die Steuerverkürzung die Anwendbarkeit des Kompensationsverbots voraussetzt. Der Steuerpflichtige handelt nach der Rechtsprechung vorsätzlich in Bezug auf das objektive Tatbestandsmerkmal, wenn er sich eine grobe Vorstellung von dem entsprechenden Tatbestandsmerkmal macht und damit eine Parallelwertung in der Laiensphäre vornimmt[202]. Das bedeutet, dass der Täter nicht alle juristischen Feinheiten im Steuerstrafrecht kennen muss, jedoch muss er das Tatbestandsmerkmal der Steuerverkürzung im Großen und Ganzen nach seinen eigenen intellektuellen Vorstellungen einschätzen können.

Die h.M. setzt bei dem Steueranspruch des Fiskus an. Dieser muss vom Vorsatz des Steuerpflichtigen erfasst sein. Der Steuerpflichtige muss also den Steueranspruch kennen und dann zumindest billigend in Kauf nehmen, den Steueranspruch zu verkürzen[203]. Damit wird vorausgesetzt, dass der Täter weiß, dass der Anspruch des Fiskus besteht und dass sich der Täter eine Vorstellung über dessen ungefähre Höhe macht. Es wird jedoch nicht für erforderlich gehalten, dass der Steuerpflichtige die einzelne Steuerart und die Rechtsgrundlage kennt[204].

Da der Verkürzungserfolg und das Kompensationsverbot komplex sind, ist zu überprüfen, ob ein Irrtum des Steuerpflichtigen vorliegt, welcher seinen Vorsatz auf den Tatbestand der Steuerverkürzung ausschließt.

2. Irrtumsfragen

Im allgemeinen Strafrecht wird zwischen zwei Irrtümern unterschieden. Es ist zwischen dem vorsatzausschließenden normativen Tatbestandsirrtum und dem schuldausschließenden Verbotsirrtum zu unterscheiden. Bei dem normativen Tatbestandsirrtum nach § 16 Abs. 1 StGB handelt derjenige, der bei der Begehung der Tat einen Umstand nicht kennt, der zum gesetzlichen Tatbestand gehört, nicht vorsätzlich. Bei den Verbotsirrtum nach § 17 S. 1 StGB handelt

---

[199] Fischer, § 15 StGB, § 15 Rn 3.
[200] *Göggerle*, in Krekeler HWiSt, S. 11.
[201] BGH, BStBl. I 1957, 122 (123).
[202] BGHSt 5, 90 (92).
[203] BGHSt 5, 90 (92).

der Täter, wenn ihm bei der Begehung der Tat die Einsicht fehlte, Unrecht zu tun ohne Schuld, wenn er diesen Irrtum nicht vermeiden konnte. Soweit der Verbotsirrtum vermeidbar war, kann die Strafe nach § 49 Abs. 1 StGB gemildert werden. Im allgemeinen Strafrecht sind die Voraussetzungen für die Vermeidbarkeit streng. Dieselben Maßstäbe gelten auch für das Steuerstrafrecht. Die Rechtsprechung legt dem Steuerpflichtigen umfangreiche Auskunftspflichten auf, so dass der Verbotsirrtum im Allgemeinen vermeidbar sein wird[205]. Der Steuerpflichtige kann sich dementsprechend nicht darauf berufen, dass er im Glauben war, die von ihm zu verantwortende Steuerverkürzung sei erlaubt gewesen.

Der oben angeführte Streit, ob der Straftatbestand der Steuerhinterziehung ein Blankettstraftatbestand oder ob die Steuerverkürzung ein normatives Tatbestandsmerkmal ist, hat bei der Beurteilung des normativen Tatbestandsirrtums nach § 16 StGB Bedeutung. Soweit der hier vertretenen Auffassung gefolgt wird, dass die Steuerverkürzung ein normatives Tatbestandselement ist, muss das vorsätzliche Handeln des Täters bei der Steuerhinterziehung auch die Kenntnis und Reichweite des Steueranspruches umfassen. In diesem Fall ist ein normativer Tatbestandsirrtum möglich.

Nach der gegenteiligen Auffassung, welche von dem Blankettbegriff der Steuerverkürzung ausgeht, ist ein normativer Tatbestandsirrtum damit nicht möglich. Denn es handelt sich bei der Verkürzung von Steuern nicht um ein Element des Tatbestandes selbst, da lediglich blankettartig auf die allgemeinen Steuergesetze verwiesen wird[206]. Dies ist soweit auch konsequent, denn dem Täter fehlt bei der Begehung der Tat, lediglich die Einsicht Unrecht zu tun, da er insoweit glaubt, nicht verboten zu handeln. Die h.M. hält jedoch dennoch einen normativen Tatbestandsirrtum für möglich. Die h.M und die Rechtsprechung begründen dies damit, dass der Steuerpflichtige über den Steueranspruch irrt und damit sein Vorsatz gemäß § 16 Abs. 1 StGB ausgeschlossen wird[207]. Hinsichtlich der Einordnung des Blankettcharakters der Steuerhinterziehung ist die Schlussfolgerung, dass der normative Tatbestandsirrtum möglich ist, eine Bestätigung, dass der Straftatbestand normative Tatbestandselemente enthält. Die Rechtfertigung, dass die Abgrenzung vom degenerativem Tatbestandsmerkmal und dem Blankettcharakter formeller und nicht materieller Natur sei[208], ist nicht überzeugend.

---

[204] OLG Karlsruhe, StRK AO 1977, § 370 Rn 7.
[205] AG Düsseldorf, NJW 1985, S. 1971.
[206] Warda, S. 47.
[207] Meine, wistra 202, S. 363; BGHSt 5, 90 (92).
[208] *Samson* in Kohlmann Strafverfolgung, S. 105.

Wenn der Steuerpflichtige darüber irrt, dass ein Steueranspruch des Fiskus nicht besteht, also das Tatbestandsmerkmal der Steuerverkürzung nicht gegeben ist, liegt ein normativer Tatbestandsirrtum vor. Damit entfällt nach der Rechtsprechung und h.M. der Vorsatz des Täters[209]. Bei einem Irrtum über das Kompensationsverbot nimmt der Steuerpflichtige an, dass eine Verkürzung nicht eingetreten sei, da er bei seiner Tathandlung davon ausgeht, dass eine Verkürzung wegen steuermindernden Tatsachen nicht gegeben sei.

Der BGH hat in einem Urteil von 1990 festgestellt, dass ein Vorsatz bei der Steuerhinterziehung durch Unterlassen bei der Nichtabgabe von Umsatzsteuervoranmeldungen dann ausgeschlossen sein kann, wenn der Steuerpflichtige wusste, dass er durch die Verrechnung von der verschwiegenen Umsatzsteuer und der gezahlten Vorsteuer davon ausgegangen ist, dass er keine Steuern verkürzt hat, weil er im Glauben war, dass ihm sogar ein Erstattungsanspruch zustehe[210]. Der BGH hat in diesem Urteil festgestellt, dass er das Kompensationsverbot im objektiven Tatbestand anwendet. Der BGH hat weiter ausgeführt, dass er im Einzelfall bei dem Kompensationsverbot einen vorsatzausschließenden Tatbestandsirrtum mit Einschränkungen auch dann annehme, wenn im Saldo sogar ein Anspruch gegen den Steuerpflichtigen bestehen bleibt.

Die Entscheidung des BGH hat in der Literatur Zustimmung gefunden. Es wird zum Teil auch angenommen, dass ein normativer Tatbestandsirrtum nicht nur in dem Fall von nicht abgegebenen Steuererklärungen angewendet werden soll, sondern auch auf Fälle erweitert werden soll, in welchem eine Steuerhinterziehung durch aktives Handeln gegeben ist[211].

Nach einer Mindermeinung in der Literatur soll ein Irrtum über das Kompensationsverbot unbeachtlich sein. Demnach sei der Vorsatz auf die Steuerverkürzung vom objektiv festgestellten Verkürzungsbetrag abhängig, wobei auf der subjektiven Seite der Irrtum nicht zu berücksichtigen sei[212].

Der h.M und der Rechtsprechung ist in der Beurteilung des normativen Tatbestandsirrtums zu folgen. Das Kompensationsverbot ist in seiner Wertung im objektiven Tatbestand zu würdigen. Die allgemeinen Grundsätze des Strafrechts in der Irrtumsproblematik sind auch auf den Irrtum über das Kompensationsverbot anzuwenden.

---

[209] OLG Karlsruhe STRK AO 1977, § 370 Rn 7; Reiß, wistra 1987, S. 164.
[210] BGH wistra 1991 107 (108).
[211] Meine, wistra 2002, S 362f.
[212] Reiß, wistra 1987, S. 163.

E Strafzumessung beim Kompensationsverbot

Für die Bestrafung der Steuerhinterziehung gelten gemäß § 369 Abs. 3 AO iVm § 46 StGB dieselben Kriterien für die Strafzumessung wie im allgemeinen Strafrecht. Damit ist nach § 46 Abs. 1 S. StGB die Schuld des Täters Grundlage für die Zumessung der Strafe. Nach § 46 Abs. 2 S. 1 StGB wägt das Gericht bei der Strafzumessung die Umstände, die für und gegen den Täter sprechen, gegeneinander ab. Kriterien für die Strafzumessung sind dann gemäß § 46 Abs. 2 S. 2 StGB allgemeine Grundlagen. Die Umstände sind dann tatbezogen oder täterbezogen. Es wird insbesondere berücksichtigt, welche Auswirkungen die Straftat gehabt hat.

Bei der Steuerhinterziehung ist aufgrund des Wortlautes des § 370 Abs. 1 AO an dem Taterfolg anzuknüpfen und für die Strafzumessung als maßgebliches Kriterium auf die Steuerverkürzung abzustellen[213]. Dies ergibt sich insbesondere auch aus dem Regelbeispiel der Steuerhinterziehung in einem besonders schweren Fall nach § 370 Abs. 3 Nr. 1 AO, welcher bei einer Steuerhinterziehung in großem Ausmaß Steuern oder der Erlangung nicht gerechtfertigter Steuervorteile eingreift[214].

Die Rechtsprechung erkennt ebenfalls das Ausmaß der Steuerverkürzung als entscheidendes Kriterium für die Strafzumessung an, um eine schuldangemessene Bestrafung bei der Steuerhinterziehung festzusetzen[215].

Damit knüpft der BGH an die Auswirkungen der Tat aus § 46 Abs. 2 S. 2 StGB an. Demzufolge ist es erforderlich, das Ausmaß der Tat zu bestimmen, also den Verkürzungserfolg zu beziffern. Dabei ist jeder Steueranspruch gesondert zu berechnen[216]. Die Gerichte der Strafgerichtsbarkeit sind hierbei nicht an die eventuell getroffenen Feststellungen der Finanzgerichte gebunden, so dass keine Präjudizwirkung besteht. Der Strafrichter kann auch von einer Entscheidung des Finanzrichters abweichen[217]. Es besteht die Möglichkeit, das Strafverfahren gemäß § 369 Abs. 1 AO bis zu einer Entscheidung des Finanzgerichts auszusetzen, um einer unterschiedlichen Beurteilung von Straf- und Finanzgerichten vorzubeugen.

Der BGH setzt bei der Strafzumessung an den tatsächlich entstandenen Steuerschaden an, auch wenn er das Kompensationsverbot für die Bestimmung des Verkürzungserfolgs im objektiven Tatbestand anwendet, was er damit begründet, dass der Steuerpflichtige lediglich einen Differenzbetrag verkürzen wollte[218]. Dieses Urteil knüpft jedoch nicht an objektive Gesichtspunkte, sondern an die subjektive Seite an. Damit geht der BGH lediglich auf die Be-

---

[213] Meine, MSchKrim 65 (1982), S. 343.
[214] Meine, Strafzumessung, S. 17.
[215] BGH ZfZ 1958, 158 (157).
[216] BGH wistra 1984, S. 181f.
[217] Reiß, StuW 1986, S. 70.
[218] BGH JZ 1975,183 (185).

weggründe des Täters ein. Der BGH hat jedoch seine Rechtsprechung fortentwickelt und setzt nunmehr in ständiger Rechtsprechung gemäß § 46 Abs. 2 S. 2 StGB an die Auswirkungen der Tat an sich an[219]. Damit stellt der BGH objektive Kriterien in den Vordergrund.

Der BGH wendet die oben genannten objektiven Kriterien bei seiner umstrittenen Rechtsprechung auch dann ein, wenn das Kompensationsgebot bei der Umsatzsteuerhinterziehung eingreift. Als mildernde Umstände sind dann bei der Strafzumessung die Vorsteuerbeträge zu berücksichtigen, welche die Zahllast haben mindern können[220]. Dabei stellt der BGH jedoch darauf ab, dass eine ordnungsgemäße Rechnung gemäß § 15 Abs. 1 Nr. 1 UStG ausgestellt worden ist, da ein Vorsteuerabzug umsatzsteuerrechtlich nur möglich ist, wenn eine ordnungsgemäße Rechnung ausgestellt worden ist[221].

Die Rechtsprechung des BGH wird von der Literatur positiv aufgenommen. Soweit das Kompensationsverbot eingreift, seien demnach aus Billigkeitsgründen die Auswirkungen der Tat hinreichend zu berücksichtigen[222]. Dem ist grundsätzlich zuzustimmen. Auch wenn das Steuerstrafrecht einen eigenen Verkürzungsbegriff für sich beansprucht, muss aus Gerechtigkeitserwägungen auf den Schaden abgestellt werden, welcher dem Fiskus tatsächlich entstanden ist. Eine andere Überlegung würde auch dem allgemeinen Gedanken des Strafrechts widersprechen, wonach die Schuld des Täters jeweils bezogen auf die Auswirkungen der Tat Grundlage der Strafzumessung ist.

---

[219] BGH wistra 1991, 343 (344).
[220] BGH wistra 1998, S. 146.
[221] BGH wistra 1987 181 (182).
[222] Ehlers/Lohmeyer, S. 9.

F Schlussfolgerungen für das Kompensationsverbotes

Durch das Kompensationsverbot ist eine Diskussion in der Literatur entstanden, wie das Kompensationsverbot einzuordnen ist und welche Schussfolgerungen für den Tatbestand der Steuerhinterziehung gelten sollen.

I. Einordnung der Steuerhinterziehung als Gefährdungsdelikt

Ein Teil der Literatur geht davon aus, dass die Steuerhinterziehung als Gefährdungsdelikt einzuordnen sei. Dabei wird das Rechtsgut der Steuerhinterziehung als Anspruch des Staates auf vollständige Mitteilung der Besteuerungsgrundlagen eingeordnet, wonach sich die Deliktsnatur als abstraktes Gefährdungsdelikt ergibt[223]. Eine andere Meinung in der Literatur sieht in der gesetzlichen Regelung des Kompensationsverbots eine Bestätigung dafür, dass die Steuerhinterziehung als abstraktes Gefährdungsdelikt einzuordnen sei, da alleine eine Gefährdung des Steueraufkommens bestraft werde und ein Schaden nicht notwendig sei[224].

Dem ist jedoch nicht zuzustimmen. Dadurch dass der Steuerpflichtige seine Offenbarungspflicht verletzt, ist bereits eine Verletzung eingetreten, welche den Tatbestand der Steuerhinterziehung erfüllt. Ein abstraktes Gefährdungsdelikt ist jedoch nur gegeben, wenn schon alleine die Gefährlichkeit der Handlung dafür ausreicht, dass strafrechtlich missbilligte Handeln unter Strafe zu stellen. Die Steuerhinterziehung muss auch weiterhin als Verletzungsdelikt eingeordnet werden, weil nachträglich der Schadenseintritt nicht mehr beseitigt werden kann. Das tatbestandliche Verhalten ist bereits mit der falschen Abgabe bzw. mit der unterlassenen Abgabe beendet, so dass bereits ein Taterfolg eingetreten ist.

Ein Teil der Literatur sieht die Steuerhinterziehung als konkretes Gefährdungsdelikt an. Sie geht mit der h.M. davon aus, dass das Rechtsgut der Steuerhinterziehung das rechtzeitige und vollständige Steueraufkommen schützt. Der Erfolg sei bei der Steuerhinterziehung dann gegeben, wenn eine konkrete Gefahr für das Steueraufkommen bestätigt und damit die Gefahr eines Schadenseintritts bestehe[225]. Durch das Kompensationsverbot sei es damit möglich, Gefährdung des Steueraufkommens unter Strafe zu stellen, um das Steueraufkommen selbst dann unter einen erhöhten strafrechtlichen Schutz zu stellen. Auch dieser Auffassung kann nicht gefolgt werden. Es ist bereits ausreichend, wenn die steuerlichen Offenbarungspflichten strafrechtlich sanktioniert werden. Eine konkrete Gefährdung ist dafür nicht erforderlich.

---

[223] Ehlers, FR 1976, S. 505.
[224] Kohlmann/Sandermann, StuW 1974, S. 231.
[225] Dannecker, S. 178.

Auch einer neuen vermittelnden Auffassung zufolge, dass die Steuerhinterziehung zu einem abstrakt-konkreten Gefährdungsdelikt, also einem Eignungsdelikt wird[226], kann damit nicht gefolgt werden, da bereits eine Verletzung eingetreten ist.

II. Strafbarkeit des untauglichen Versuchs

Eine Mindermeinung in der Literatur möchte durch das Kompensationsverbot eine Strafbarkeit des untauglichen Versuchs sehen. Ein Versuch ist dann untauglich, wenn die Ausführung des Tatentschlusses der Vorstellung des Täters aus tatsächlichen oder rechtlichen Gründen nicht zur vollständigen Verwirklichung des objektiven Tatbestandes führen kann, der Täter also nicht erkennt, dass das Tatobjekt oder das Tatmittel zum Erfolg führen kann [227]. Diese Auffassung wurde von *Meine* erstmals vertreten und stellt auf eine von ihm vertretene subjektive Lösung ab. Den Erfolg bei der Steuerhinterziehung sieht er in der Schädigung des Rechtsguts des Steueraufkommens an[228]. *Meine* sieht das Handlungsobjekt der Steuerhinterziehung als den Steueranspruch des Staates an und als Rechtsgut der Steuerhinterziehung den Steueranspruch des Staates in der jeweiligen Steuerart[229].

Eine subjektive Auslegung des Kompensationsverbots ist verfehlt. Das Kompensationsverbot betrifft den objektiven Tatbestand der Steuerhinterziehung. Daher kann es schon nicht alleine Bedeutung für den subjektiven Tatbestand haben[230].

Die Strafbarkeit des untauglichen Versuchs ist schon nach der Reform der AO 1977 allgemein anerkannt gewesen. Daher kann auch nicht angenommen werden, dass der Gesetzgeber der AO die Strafbarkeit des untauglichen Versuchs gesondert durch das Kompensationsverbot unter Strafe stellen wollte. In diesem Fall hätte der Gesetzgeber der AO auf das Kompensationsverbot verzichten können. Erstmals wurde bereits durch das RG 1880 festgestellt, dass wegen der Untauglichkeit des Tatobjekts die Strafbarkeit des Versuches nicht ausgeschlossen werden könne[231]. Die RAO ist jedoch erst 40 Jahre später in Kraft getretenen. Damit kann auch aus historischen Gesichtspunkten nicht darauf geschlossen werden, dass der Gesetzgeber der RAO mit dem Vorteilsausgleichsverbot im Steuerstrafrecht die Strafbarkeit des untauglichen Versuchs unter Strafe stehen wollte.

---

[226] Bülte, NZWiSt 2016, S. 57.
[227] Wessels/Beulke/Satzger, § 14 Rn 619.
[228] Meine, S. 57.
[229] Meine wistra 1991, S. 128.
[230] Patzelt, S. 122.
[231] RGSt 1, 451 (452).

Soweit mit dem Kompensationsverbot ein untauglicher Versuch als gegeben angesehen wird, wird in Kompensationsfällen jedoch aus dem vollendeten Delikt bestraft, so dass die in § 23 Abs. 2 StGB vorgesehene mögliche Strafminderung unterbleiben würde[232]. Durch das Kompensationsverbot würde insofern ein Widerspruch zum allgemeinen Strafrecht entstehen, da aus einem versuchten Delikt ein vollendetes Delikt entstehen würde[233]. Dies stehe jedoch im Widerspruch zum Unrechtsgehalt der Tat[234]. Dem ist uneingeschränkt zuzustimmen. Ein solcher Fall der Gleichstellung von Versuch und vollendeten Delikt wäre im Vergleich zum allgemeinen Strafrecht einmalig und ist daher abzulehnen.

Weiterhin wurde auch ein Widerspruch zwischen der Steuerhinterziehung nach § 370 AO und der Ordnungswidrigkeit der leichtfertigen Steuerverkürzung nach § 378 AO bestehen. Da das Kompensationsverbot auch bei der leichtfertigen Steuerverkürzung anzuwenden ist, wird die Strafbarkeit eines fahrlässigen untauglichen Versuchs angenommen werden[235].

III. Prozessstoffbegrenzung

Ursprüngliches Ziel des Kompensationsverbots, welches durch die Gesetzgebung mit der Kodifizierung der RAO erstmals festgeschrieben worden ist, ist die Prozessstoffbegrenzung. Es sollte verhindert werden, dass der Steuerpflichtige nachträgliche Gründe vorträgt, welche ihm eine Ermäßigung der Steuer gestatten, wodurch in einem Strafprozess der gesamte Steuerfall nochmals untersucht werden muss[236]. Damit sollte der Strafrichter entlastet werden und nicht über die steuerrechtlichen Grundlagen, welche nachträglich vorgetragen worden sind, entscheiden. Dieses Ziel des Kompensationsverbots findet sich auch in der Rechtsprechung des RG und BGH wieder, welche feststellen, dass dem Kompensationsverbot strafprozessuale und verfahrensökonomische Motive zu Grunde liegen[237].

Die Auffassung der Rechtsprechung wurde kritisiert, da sie der Kritik ausgesetzt war, dass sie nicht alle Umstände der Tat ermittele und damit gegen das Schulprinzip verstoße, da die Strafbemessung der Schuld originäre Aufgabe der Strafgerichtsbarkeit sei[238]. Jedoch ist auch die Verfahrensökonomie Rechtsgrundsatz, dass durch ein beschleunigtes Verfahren gleichzeitig auch dem Rechtsuchenden effektiver Rechtsschutz gewährt wird[239].

---

[232] Bilsdorfer, DStZ 1983, S. 453.
[233] Wassermann, ZfZ 1987, S. 169.
[234] Bilsdorfer, DStZ 1983, S. 453.
[235] Schindhelm, S. 268.
[236] Becker, § RAO, § 359 Anm. 7.
[237] RG, Mrozek Steuerrechtsprechung, § 396 Abs. 3 RAO; BGHSt 7, 336 (345).
[238] Röckl, S. 169.
[239] BVerfGE 88, 118 (123).

Auch wenn der Zweck des Kompensationsverbots bei dessen Einführung und von der späteren Rechtsprechung darin gesehen worden ist, Verfahrensbeschleunigungen herbeizuführen, in dem der Strafrichter nicht erneut über steuerliche Sachverhalte entscheiden sollte, ist dieser Zweck mit der späteren Rechtsprechung des BGH hinfällig geworden. Wie oben ausgeführt worden ist, hat der BGH bei der Bemessung der Schuld in der Strafzumessung genau die anderen Gründe in § 370 Abs. 3 S. 4 AO geprüft, welche er im objektiven Tatbestand nicht berücksichtigt hat. Danach entscheidet der Strafrichter im Endeffekt doch über nachträglich vorgebrachte Tatsachen des Steuerpflichtigen, welche das Kompensationsverbot unberücksichtigt lässt. Dies ist aus Gerechtigkeitsgründen wünschenswert, damit wurde jedoch das ursprüngliche Ziel des Kompensationsverbots, eine Prozessstoffbegrenzung sicherzustellen, hinfällig. Mit zunehmender Komplexität des Steuerrechts kann durch das Kompensationsverbot auch keine Prozessstoffbegrenzung mehr herbeigeführt werden.

IV. Klarstellungsfunktion des Kompensationsverbots

Nach der hier vertretenen Ansicht verbleibt dem Kompensationsverbot lediglich eine Klarstellungsfunktion. Die oben dargestellten Schlussfolgerungen für das Kompensationsverbot können keine befriedigende Erklärung für die geltende gesetzliche Regelung geben. Ähnlich wie die Regelung des § 370 Abs. 4 S. 1 AO kommt auch dem Kompensationsverbot kein eigenständiger Regelungsgehalt zu. Wo § 370 Abs. 4 S. 1 AO lediglich erläuternd aufzählt, wann eine Steuerverkürzung gegeben ist, was sich direkt aus § 370 Abs. 1 AO ergibt, stellt § 370 Abs. 4 S. 3 AO klar, dass nachträglich vorgetragene Tatsachen keinen Einfluss auf die Steuerverkürzung an sich haben. Dies ergibt sich aus der oben angeführten Erläuterung und Beschreibung des Rechtsguts und des Handlungsobjektes der Steuerhinterziehung. Das Kompensationsverbot soll das getroffene Ergebnis des Verkürzungserfolgs nicht in Frage stellen[240].

Dieser Grundgedanke wurde auch im Wesentlichen durch die Rechtsprechung des BGH berücksichtigt. Allerdings wendet der BGH das Kompensationsgebot konsequent über § 370 Abs. 3 S. 4 AO an. Damit kommt er im Großen und Ganzen auf dasselbe Ergebnis, wenn er die Frage beim Verkürzungserfolg diskutieren würde. Da das Kompensationsverbot jedoch weiterhin gesetzlich geregelt ist, wird der BGH auch in Zukunft vom Kompensationsverbot nach § 370 Abs. 3 S. 4 AO in einem eigenen Prüfungspunkt Gebrauch machen.

---

[240] *Flore* in Flore/Tsambikakis, § 370 Rn. 366.

Dies deckt sich insofern auch mit dem allgemeinen Grundgedanken des Strafrechts. Sofern der objektive Tatbestand bereits erfüllt wird, ist eine Beseitigung des tatbestandsmäßigen Verhaltens nicht mehr möglich. Der Täter hat lediglich die Möglichkeit, einen persönlichen Strafausschließungsgrund nach § 24 StGB geltend zu machen. Soweit ihm dies nicht gelingt, müssen die Umstände der Tat und das Verhalten des Täters bei der Strafzumessung berücksichtigt werden. Eine Erklärung, weswegen von den Grundgedanken des allgemeinen Strafrechts Abstand genommen werden soll, drängt sich nicht auf. Eine Abweichung davon würde gegen das verfassungsmäßig garantierte Prinzip des Schuldprinzips verstoßen.

Auch wenn beim Steuerstrafrecht die steuerrechtlichen Vorschriften das Steuerstrafrecht entscheidend beeinflussen, handelt es sich beim Steuerstrafrecht um echtes Strafecht, dessen allgemeine Grundsätze auch Geltung finden müssen und auf dessen Fundament das Steuerstrafrecht stehen sollte.

G Ergebnis

Die Rechtsprechung wie die hier vertretende Meinung gehen von einer objektiven Seite des Kompensationsverbotes aus. Die Rechtsprechung sieht in den anderen Gründen, diejenigen, die in einem unmittelbaren wirtschaftlichen Zusammenhang stehen, welche nachträglich vorgebracht worden sind und welche dem Steuerpflichtigen von Amts wegen hätten gewährt werden müssen. Die Rechtsprechung knüpft damit ebenfalls an den Verkürzungserfolg an. Mit dieser Feststellung, welche durch die kasuistische Rechtsprechung fast durchgehend zu beobachten ist, sieht der BGH im Ergebnis damit einen Verkürzungserfolg in der Höhe als nicht gegeben an, in welcher eine Kompensation besteht, ohne dieses Ergebnis positiv herauszuarbeiten. Wenn ein Verkürzungserfolg jedoch nicht besteht, ist es deshalb nicht notwendig das Kompensationsverbot für das Ergebnis des Verkürzungserfolgs zu bemühen.

Zum anderen hat der BGH mit dem Begriff des unmittelbaren wirtschaftlichen Zusammenhanges einen unbestimmten Rechtsbegriff geschaffen, welchen er zunächst formen musste. Dies ist im Wesentlichen gelungen, jedoch sind nach wie vor unbefriedigende Ergebnisse im Bereich der Strafbarkeit der Umsatzsteuerhinterziehung zu bemerken. Der Nutzen des Kompensationsverbots ist daher begrenzt. Die ursprünglich gewollte Prozessstoffbegrenzung wurde durch den BGH selbst durch eine dem Schuldprinzip entsprechende Rechtsprechung aufgegeben. Da das Steuerstrafrecht mit dem Steuerrecht untrennbar verbunden ist, wird auch der Strafrichter nicht darum kommen, steuerrechtliche Sachverhalte aus strafrechtlicher Sicht zu beurteilen.

Die dogmatische Lösung, eine konkrete oder abstrakte Gefährdung des Steueraufkommens ist nicht zu einem befriedigenden Ergebnis gekommen. Damit wäre das Delikt der Steuerhinterziehung in sich nicht schlüssig und würde auch in der Praxis zu keinen Verbesserungen führen.

Die Lösung von *Meine*, den untauglichen Versuch der Steuerhinterziehung unter Strafe zu stellen, ist bereits wegen der Entwicklung der allgemeinen Rechtsgrundsätze des Strafrechts nicht zu einen dogmatisch zu haltenden Ergebnis.

Es bleibt festzuhalten, dass das Kompensationsverbot in der Literatur zu einem großen Streit geführt, welcher hinsichtlich der Einordnung des Rechtsguts der Steuerhinterziehung und dessen Handlungsobjekt zu unzutreffenden Ergebnissen geführt hat. Ohne die Wiederaufnahme des Kompensationsverbots in der AO 1977 wäre es in der Literatur wahrscheinlich zu einer zielgerichteten Diskussion gekommen. In der Rechtsprechung hat das Kompensationsverbot zu einer Kasuistik geführt, dessen Ergebnisse zum Teil nicht nachvollziehbar sind. Auch wenn das Kompensationsverbot nicht mehr bestehen würde, würde sich an der Rechtsprechung des BGH wenig verändern. Da sich jedoch zum Teil Missverständnisse durch die Regelung des § 370 Abs. 3 S. 4 AO ergeben, sorgt Kompensationsverbot für latente Rechtsunsicherheit. Ein gesetzgeberisches Einschreiten wäre allerdings für die Konkretisierung des Verkürzungserfolgs wünschenswert. Schlussendlich besteht keine weitere Rechtfertigung für ein Fortbestehen des Kompensationsverbots gemäß § 370 Abs. 4 S. 3 AO. Es ist daher ersatzlos zu streichen.